社会工作与群体健康
服务研究

吴　燕　朱　克　孙奎立　著

西南交通大学出版社
·成　都·

图书在版编目（ＣＩＰ）数据

社会工作与群体健康服务研究 / 吴燕，朱克，孙奎立著. 一成都：西南交通大学出版社，2023.6

ISBN 978-7-5643-9285-7

Ⅰ.①社… Ⅱ.①吴…②朱…③孙… Ⅲ.①社会管理–研究–中国 Ⅳ.①D63

中国国家版本馆 CIP 数据核字（2023）第 082012 号

Shehui Gongzuo yu Qunti Jiankang Fuwu Yanjiu

社会工作与群体健康服务研究

吴 燕　朱 克　孙奎立　**著**

责 任 编 辑	邵莘越
封 面 设 计	墨创文化
出 版 发 行	西南交通大学出版社 （四川省成都市金牛区二环路北一段 111 号 西南交通大学创新大厦 21 楼）
发行部电话	028-87600564　028-87600533
邮 政 编 码	610031
网　　　址	http://www.xnjdcbs.com
印　　　刷	成都勤德印务有限公司
成 品 尺 寸	170 mm × 230 mm
印　　　张	13.5
字　　　数	218 千
版　　　次	2023 年 6 月第 1 版
印　　　次	2023 年 6 月第 1 次
书　　　号	ISBN 978-7-5643-9285-7
定　　　价	68.00 元

　　本书受山东第一医科大学（山东省医学科学院）一流专业建设项目资助，是 2022 年度山东省人文社会科学课题"乡村振兴战略背景下社会工作介入路径研究——以山东省为例"（2022-YYFX-28）、山东省教育科学"十二五"规划 2015 年度课题"职业院校教学模式创新研究"（ZZ15017）、2022 年度泰安市社会科学课题"元治理视阈下泰安市居家社区养老服务功能优化研究"（22-YB-039）、泰安市 2022 年度哲学社会科学规划研究项目"基于提升职业女性多孩生育意愿的友好型生育支持体系构建研究"（2022skx119）项目的阶段性成果。

2022 年是中国共产党第二十次全国代表大会召开的年份，也是本书完成的年份。党的二十大报告指出：推进健康中国建设，把保障人民健康放在优先发展的战略位置，建立生育支持政策体系，实施积极应对人口老龄化国家战略，促进中医药传承创新发展，健全公共卫生体系。报告明确提出了人民健康的保障具有优先发展的战略位置，在生育托幼、公共卫生、医疗保障、医养结合等多个层面都有了新的要求。近年来，医药卫生体制改革升级成为健康中国战略，生活医学化转变为生活健康化，医疗健康与社会福利的融合让老人医养结合，从降低生理疾病到减轻损伤再到减少残障，直至现在的控制健康风险，从生理健康到心理健康再到社会健康，医务社会工作也应该拓展并发展成为健康社会工作。健康社会工作的研究与发展，让医疗健康回归福利性，强化了国家责任并弘扬了人文关怀；重塑了医院的社会形象与公共关系；改善了医疗健康服务质量并提高了服务水平；促进和加快了传统生物医学模式的结构转变；完善了现代预防、医疗、康复、临终关怀体系；重塑了公共卫生与社区服务的模式。

在世界大变革背景下，社会工作研究有更多的用武之地，在社会实践中不断总结经验，吸取教训的同时，社会工作者还应该具备国际化的视野，以对历史的敏锐洞察和科学严谨的态度不断研究健康社会工作领域的各种问题，不仅能够在公共卫生、国民健康方面提供建议，还能够为推进社会公平与社会治理尽绵薄之力。

健康与福祉已经成为中国社会发展的重要目标。发展中国健康社会工作成为时代的新任务。本书中的健康社会工作从更加综合全面的视角来看待服务对象，运用更加适合的方法，提供满足全方位需求的健康促进和疾病预防服务。与此同时，健康社会工作的服务领域将更加宽泛，人民健康的需求不再仅仅是身心健康，还包括社会适应和道德健康领域，这也都将会是健康社会工作优先发展的方向，健康社会工作将实现从针对医学治疗的需求到健康促进、健康教育等全方位健康需求的转变，而就健康社会工作的当前研究而言，仍然面临一些问题，比如服务领域相对局限、服务内容比较零散、还没有形成系统全面的服务模式等。因而本书依据健康社会工作的发展和研究现状，对社会工作介入各个年龄群体的健康管理内容进行思考和探讨，利用社会工作专业的价值观和方法，探寻社会工作提升各个群体健康管理的对策措施。

　　《社会工作与群体健康服务研究》这本书的第一个创新之处，是对社会工作与各个群体的健康服务做了全面阐述。本书共分为七个部分：第一部分为概论；第二部分为社会工作与老年健康服务；第三部分为社会工作与儿童健康服务；第四部分为社会工作与青少年健康服务；第五部分为社会工作与妇女健康服务；第六部分为社会工作与残疾人健康服务；第七部分为世界技能大赛对我国健康社会工作人才技能培养和评价的启示。从章节内容可见，本书针对各个群体进行了相当充分的阐述，可以帮助读者比较全面、完整地了解健康社会工作的主要内容。这本书的第二个创新之处，是研究视角的突破。首先，本书从生理、心理、社会适应等综合全面的视角来看待健康社会工作；其次，本书以群体健康服务为研究对象，以各个群体健康服务需求和社会工作介入的方法为研究内容，以优势视角理论、增强权能理论和"人在情境中"理论等多种理论为综合分析框架，突破以往群体健康服务问题的研究视角。这本书的第三个创新之处，是注重对健康社会工作实务可操作性层面的阐述。不同于其他理论性学科，在阐明必要的健康社会工作基本理论知识的基础上，健康社会工作实务更要注重社会工作方法和技巧的具体分析，结合各个群体健康服务的案例，以帮助健康社会工作者在实践中顺利将理论知识转化为可以操作的方法和技巧，从而有效提高社会工作实务的质量。

著　者
2022 年 10 月

目录

01

第一章

概　论

第一节

研究背景与研究意义

　　社会工作是以利他主义价值观为指导，以科学的知识为基础，运用科学方法助人的职业化的服务活动。最早产生于英美等发达国家，社会工作者的主要服务对象是那些无力满足自身需要的弱势群体，再加上社会服务范围广泛，内容多样，因此社会工作服务的准确性质就是"社会福利服务"。美国将社会福利服务称为"人类服务"，英国将社会福利服务称为"个人社会服务"。简言之，社会工作基本含义就是向有需要或有困难的人群，提供专业化帮助服务。这里有四个需要注意的关键问题，第一，针对有需要或有困难的人群，对无需要或无困难的人群就不需要进行专业干预；第二，个性化与专业化服务的结合；第三，服务对象应是自然人或具有相似特征的群体；第四，服务性质是非营利的和去商品化的帮助服务，而非营利性和赚钱的商业服务。所以社会工作和社会服务是现代福利制度中不可或缺的一部分。

　　医务社会工作与健康社会工作基本内涵和主要的构成要素是一样，健康社会工作是社会工作概念的专业发展与延伸。医院社会工作这个概念的重点是强调医院环境，主要是指在医院环境与处境中为有需要的人群提供的专业化帮助服务。医院社会工作是医务社会工作的最初形态，医院是医务社会工作的最早起源地，也是最狭义概念。1930 年以来，美国开始流行"医务社会工作"概念，或是"医疗处境中的社会工作"概念，这个概念最大独特之处就是运用更广阔含义的医疗照顾（Medical Care）或医疗处境（Medical Setting）概念取代比较狭义的医院概念。这就意味着医务社会工作服务环境、服务对象、服务范围和服务方法都超出医院范围，标志着医务社会工作的发展。1948 年 4 月 7 日世界卫生组织正式成立以后，健康成为全世界共同认可的核心概念。伴随而来的是，在卫生保健体系中为有需要的人群提供专业化帮助服务的就是健康社会工作。换句话说，在健康照顾处境中为有需要的人群提供的专业化帮助服务就是健康照顾社会工作。简而言之，医务和健康社会工作泛指在医院、医疗照顾处境中、健康照顾处境中为有需要的人群提供专业化的帮助服务，或者为有需要的人群提供医疗照顾或健康照顾性质的社会服务活动。医务社会工作者或健康社会工作者就是那些为有需要的人群提供医疗照顾或健康照顾的社会服务专业人员。

2015 年 10 月 29 日，中国共产党第十八届中央委员会第五次全体会议通过的《中共中央关于制定国民经济和社会发展第十三个五年规划的建议》首次明确提出推进健康中国建设，"健康中国 2020" 战略首次由卫生部门行业发展战略升级为国家发展战略，标志着中国进入健康福祉国家发展时代，标志着中国由医务社工时代升级为健康社会工作时代，标志着中国健康社会工作时代的来临。

发展健康社会工作是中国社会实现健康福祉的迫切需要。宏观的原因是社会现代化和全面建成小康社会的需要；中观的原因是医药卫生体制改革与健康中国发展战略、现代卫生保健体系内源性需要与构建和谐医患关系的需要；微观的原因是满足全人健康、身心社灵需要和全面提高健康福祉的需要，体现国家、社会、个人三个层面的健康福祉状况。进一步来分析，弘扬医学人文关怀精神，可以细分为如下几个方面，深刻反映了中国社会发展模式和中国人需要体系的结构战略升级。第一，发展健康社会工作是中国社会结构转型与社会现代化的历史产物，也是健康福祉治理的需要。第二，是现代社会服务体系建设，尤其是中国健康与福利一体化的迫切需要。第三，是发展健康社会工作、弘扬医学人文关怀精神、促进医疗卫生服务回归福利性、增强国家健康照顾责任承担的需要。第四，是理顺医院与社会关系，改良医院公共关系，重塑医院形象的需要。第五，是适应生物医学模式，加快并促进传统生物医学模式转变的迫切需要。第六，是反映全人健康和全生命周期新理念，满足身心社灵全人健康的需要。第七，是国家现代医政管理，尤其是全面实施医疗服务质量管理的迫切需要。第八，是深化医药卫生体制改革，构建和谐的医患关系，以患者为中心的需要。第九，是促进医患共同决策模式，改善医疗健康服务的质量与提高服务水平需要。第十，是理解病人、了解病因、提高病人依从性和改善诊疗服务效果的需要。第十一，是完善现代预防、医疗、康复、临终关怀服务体系，建立健全的中国特色现代卫生保健体系框架，实现健康福祉一体化，提高全体国民健康福祉水平的客观需要。总而言之，发展健康社会工作是现代卫生保健体系的客观需要与内源需要，是从看病治病临床医生战略升级成具有医学人文关怀情怀的社会医生的迫切需要，是医生医学人文修为、临床人文技能训练和中国特色医学人文关怀制度建设的战略举措，具有重大的理论、政策和现实意义。

社会工作者在现代卫生保健体系里的专业角色和专业定位决定了其具有举足轻重的战略地位。按照卫计委人事司政策界定，社会工作者是"医生的助手，护士的伙伴，患者与家属的朋友，家庭健康福祉的保护人，社区的组织者，慢病管理者和健康促进者，医护、心理学家、康复师等其他专业技术人员的专业合作者，是现代医疗健康服务多学科团队的重要成员"。这就意味着从多种角度说，健康社会工作实务是现代卫生保健体系不可或缺的重要部分。

第二节

研究的学术价值与应用价值

党的二十大报告对我国的社会发展做出诸多重要论断，将全方位地影响当代中国社会建设的方方面面。在新时代，作为社会工作的重要领域的健康社会工作，将面临巨大的发展机遇。

一、明确健康社会工作发展的新要求

融入新时代是当前我国健康社会工作发展的迫切任务。人民的健康是国家富强和民族昌盛的重要标志，新时代健康社会工作必须实现三个融入：第一是要融入对全民健康的维护。社会工作应该以多种形式为人民群众提供专业健康服务。第二是要融入满足老百姓日益增长的多样化健康生活需求的服务。当前我国社会主要矛盾已经转化为人民日益增长的美好生活需要和不平衡不充分的发展之间的矛盾。人民的物质生活水平有了比较高的基础,所以更加关注健康,

包括健康身体的维护、健康公平和健康权利的实现、健康环境的创造、健康生活和健康安全的保障。而社会工作"以人为本，助人自助，公平正义"的服务宗旨恰恰能够在健康领域回应老百姓的这种需求。第三是要融入健康中国战略的总布局。党的二十大报告中明确提出推进健康中国建设。健康社会工作要抓紧时机，积极融入，促进社会工作和卫生健康事业的全面融合与有效融通。

二、构建健康社会工作服务的新体系

新时代健康社会工作将服务于健康中国建设，党的二十大报告从多方面为其指明了方向。第一，健康社会工作要多角度、多层次地开展。党的二十大报告指出，人民健康是民族昌盛和国家富强的重要标志。人民健康的实现，需要有宏观的视野，与我国的基本国情，新时代、新任务、新目标，医疗卫生发展的现状相结合，从多角度、多层次入手渐次推进。第二，健康社会工作要全生命周期、全方位地介入。党的二十大报告指出，把保障人民健康放在优先发展的战略位置，完善人民健康促进政策。要完善人民的健康促进政策，就要为人民群众提供全方位、全周期的健康服务。这也是对健康社会工作的基本要求。健康社会工作全方位、全周期体现在医疗社会工作、预防社会工作、康复社会工作、健康管理社会工作以及保健社会工作等环节，体现在从健康出发的对有需要的个人或群体提供凸显人性关怀的社会照顾，贯穿于人们生、老、病、死各个时间或状态，还需要拓展到身体健康、心理健康、社会适应健康和道德健康等层面的服务。第三，健康社会工作要有特色、有重点地深入开展。开展健康社会工作政策的研究，界定其在中国特色的卫生与健康体制中应有的地位；结合大健康、大卫生观念的确立，实现健康社会工作从关注疾病状态下的服务向全生命周期健康维护服务的拓展，从医院服务延伸到社区服务；要明确优先服务的领域，开展公共卫生和预防社会工作、老年健康社会工作、医疗社会工作、精神卫生和心理健康社会工作、各类特需社会工作等。

三、培养健康社会工作实践的新人才

人才是新时代重要的战略资源，人才建设是健康社会工作的新时代发展需要。首先要拓展人才的培养途径，本科及职业院校、医疗卫生部门、社会组织应该共同努力，发挥"双一流"高校的引领作用，依托高校社会工作相关专业，发挥主渠道、主基地的作用；利用现有的医务（健康）社会工作一线的服务机构，联合医疗卫生部门和开展健康服务的相关社会组织，加强对健康社会工作人才实务能力的培养。其次要深化人才的培养内容和教学形式改革，应与健康社会工作学科的建设充分结合，合理配置医务与健康基本知识课程、卫生与健康政策课程、社会工作专业课程等的比例与结构，稳定专业性、体现复合性、突出应用性，培养能够满足人民日益增长的健康生活需要的实用性复合型应用性社会工作专门人才。

在新时代有效推进健康社会工作的服务，有助于增强老百姓病患的就医信心、就医的安全感和治疗获得感，有助于推广大卫生和大健康的理念，有助于提升人民健康生活的幸福感，有助于健康中国战略的实施和中华民族伟大复兴奋斗目标的顺利实现。综上所述，健康社会工作的发展是顺应新时代大健康理念发展的必然产物。

第三节

相关概念的界定及说明

一、健康社会工作的概念

1948 年世界卫生组织把健康定义为生理、心理和社会适应都臻完满的状态，而不仅仅是没有疾病和虚弱的状态。1989 年进一步提出：健康不仅是没有疾病，而且包括躯体健康、心理健康、社会适应良好和道德健康。新的健康标准，为健康社会工作的概念和实务范畴提供了更为广阔的研究空间。

（一）健康社会工作的概念

健康社会工作这一概念的形成历经由医院社会工作到医务社会工作再到健康社会工作的过程，医务社会工作的发展反映了历史发展的阶段性特点与社会制度体系的变迁规律，其概念和服务范围逐渐扩大，内涵和外延在不断变化。

在我国，医务社会工作者可以分为广义与狭义两种类型，广义的是泛指健康照顾体系、健康服务处境中以及健康服务相关领域中就业的社会工作者，主要分布于卫生系统、计划生育、环境保护、医疗保险和民政福利事业中。狭义的医务社会工作者是指在卫生系统工作的社会工作者，是整个医务社会工作的主体与最核心的组成部分。除为病人提供生物性疾病诊疗以外，医务工作者的基本职能是为解决病人的心理、社会问题而开展职业化社会服务活动，主要防治疾病和病人各式各样的社会、心理、文化性问题，改善其健康状况。本研究以广义的医务社会工作者为对象。

学界对健康社会工作的概念界定争议不大，一般认为，在卫生保健体系中为有需要的人群提供专业化的帮助服务就是健康社会工作，即在健康照顾处境中为有需要的人群提供专业化的帮助服务就是健康照顾社会工作。换言之，健康社会工作由医院社会工作与医务社会工作发展而来，是其内涵与概念的延伸，其服务人群不仅包括原有的患病人群，还包括健康人群，改变原来以治疗为主的服务模式，转向以预防为主，降低服务成本。治疗场所范围扩大，不局限于医院，社区、学校、家庭等都可以成为健康社会工作的工作服务场所。

（二）健康社会工作的实务范畴

目前，我国健康社会工作实务的范围是基本明晰的。北京大学公共卫生学院教授刘继同将现代健康社会工作实务的服务体系总结为生殖健康、灾难、自然灾害与事故、公共卫生、临床医疗与医疗照顾、精神障碍、康复与社会康复、中医药与养生保健、医疗慈善与健康公益、临终关怀与灵性关怀，这些内容体现出新时代健康社会工作的新任务。人类生命周期和健康需要体系是现代健康社会工作实务体系范围的界定标准和主要依据。所谓生命周期是指从人类生命孕育到死亡的整个过程，人类的健康需求主要是指身体、心理、社会、灵性这四类需求。

二、健康社会工作的发展

随着经济社会的发展和我国人口老龄化进程的加快，生活方式、疾病谱、生态环境等都将发生相应变化，党的十九大报告中也明确强调，要"实施健康中国战略",坚持以预防为主,深入开展爱国卫生运动,倡导健康文明生活方式,预防重大疾病。党的二十大报告指出,要促进优质医疗资源扩容和区域均衡布局,坚持预防为主,加强重大慢性病健康管理,提高基层防病治病和健康管理能力。随之国家对公共卫生与预防的重视也更加凸显出来,除了医学的推动之外,其他学科也可以在其中发挥一定作用。

社会工作作为一门以推动社会公平公正为己任的专业,在健康中国战略背景下,更需要发挥重要作用。《新冠肺炎疫情心理疏导工作方案》明确提出,公共卫生事件防控重点地区要组建由精神卫生和心理健康专业人员、社会工作者、专业志愿者等组成的服务队,为重点人群提供针对性的心理疏导、心理干预服务。由此可见健康社会工作因其自身所具备的人文关怀性、预防性、教育性等特点,有待更多的研究和关注,也蕴藏着巨大发展空间。健康社会工作学界和实务界开展了很多积极的探索。医务社会工作者的服务应上升到健康促进的层面,即与人类健康状况有关的内容都是健康社会工作的职责范围和服务领域。健康是指机体健康和心理健康并存,社会大众对医疗服务的需求从基本机体的健康转变为对生命质量的追求,由此可见未来我国健康社会工作发展的方向,社会工作在非医疗领域也可以大有作为。社会工作是将专业的医疗服务、医学预防过渡给老百姓的重要媒介,专业本身所具有的接纳、同理心、尊重等价值观,十分有利于健康促进这一理念的推进。社会工作者应根据不同人口和社会学特点,让健康预防和促进的知识以更加通俗易懂、更符合人民群众需求的形式展现出来,国内已有学者开始探索社会工作在健康促进和健康教育中的作用,为进一步保持并促进个体的健康,探索在"未病"状态,社工可以采取的方法和措施,这也正是健康社会工作的实务范畴。目前已经有学者开始探索健康社会工作的实务范畴的相关议题。

健康社会工作将会从更加综合全面的视角来看待服务对象,运用更加适合的方法,提供满足全方位需求的健康促进和疾病预防服务。与此同时,健康社会工作的服务领域将更加宽泛,人民健康的需求不再仅仅是身心健康,还包括社会适应和道德健康领域,这也都将会是健康社会工作优先发展的方向,健康社会工作将实现从针对医学治疗的需求到健康促进、健康教育等全方位健康需求的转变。可就健康社会工作的当前研究而言,仍然面临一些问题,比如服务领域相对局限、服务内容比较零散、还没有形成系统全面的服务模式等问题,因而本书依据健康社会工作的发展和研究现状，对社会工作介入各个年龄群体的健康管理内容进行思考和探讨，利用社会工作专业的价值观和方法，探寻社会工作提升各个群体健康管理的对策措施。

第四节

社会工作介入群体健康服务的相关理论与方法

一、社会工作介入群体健康服务的相关理论

（一）生物—心理—社会医学模式

随着科学技术的发展，人类疾病与死因结构发生了改变。世界各国先后出现了心脏病、脑血管疾病、恶性肿瘤占据疾病谱和死因谱主要位置的变化趋势，影响我国人群健康的疾病，也已由过去的传染病为主逐步转变为非传染病为主。当今人们疾病诱因除了生理性因素外还包括心理社会等因素，因此生物—心理—社会医学模式要求医务工作者治疗疾病时应有温度，关注病人的自尊与心理健康的发展，在社会价值层面理解生命、关爱生命。关注病人生理的同时，关注病人的心理，关爱病人本身感受的同时，兼顾家属的感受。

（二）健康危机干预与压力管理理论

危机是指人或群体无法利用惯例而处理的突发事件，危机常常是突发的，不在人们的预料之中，如果危机无法得到缓解，就会造成人们生理与心理上的困扰乃至角色混乱。健康危机干预是医务社会工作的常用基本理论框架，在病人面对健康问题时，主要从心理与社会的角度去看待与解决问题，病人在主观上认为事件会对人造成重大影响而使个体产生过分应激反应，妥善解决危机不但会使个体减少因情绪导致的失调行为，也会带来成长的契机。社会工作者应鼓励人们发挥主观能动性，通过调节心情，激发自身潜能，从而使被治疗者重建危机爆发前的心理状态，恢复心理平衡，使个体得到成长，取得建设性成果。

（三）生命周期理论

生命周期泛指人或家庭的生命周期，每个人或者家庭都有其不同的成长阶段，包括出生、成长、衰老和死亡的过程。每个人和家庭的生命都有其阶段性特征，人和家庭在生命的不同阶段有不同的健康需求。生命周期理论结合了医学和心理学，探索了人和其家庭在不同阶段时遇到的不同问题、产生的基本需要，并实施具有针对性的策略。

（四）健康照顾理论

不同于专科医疗的以疾病为中心，如今的全科医疗倡导以病人为中心。病人是疾病的主体，不仅应了解疾病的生物学特征，更应该注重病人本身的尊严。照顾包括家庭照顾、医疗照顾、社区照顾等健康照顾，不仅关注被照顾者的生理状况，也关注被照顾者的心理、家庭乃至社会交往状况。健康照顾给予人们情感支持、人性化的特别关注，实施从疾病到日常居家生活的全面照顾。

（五）马斯洛的需求层次理论

马斯洛的需求层次理论是行为科学理论之一，将人的需求从低到高依次分为生理需求、安全需求、归属和爱的需求、尊重需求和自我实现需求五种。在低层次的需求基本得到满足之后，它的积极作用会降低，不再保持它的优势地位，而高层次的需求会取代低层次的需求成为推动行动的主要原因和动力。高层次的需求比低层次的需求更有价值，人的最高层次的需求就是自我实现的需求，即以最有效、最完整的方式表现自己的潜力，获得高峰体验。

（六）镜中我理论

镜中我理论是美国社会学家查尔斯·霍顿·库利提出的理论。他认为，个人的自我观念是在与他人的互动交往中产生的，人们对自己的认识和评价是他人关于自己看法的反映，自我观念总是在想象别人对自己的评价之中形成的。

（七）优势视角理论

优势视角是一种关注人的内在力量和优势资源的视角，意味着应当把人们及其环境中的优势和资源作为社会工作助人过程中所关注的焦点。优势视角基于这样一种信念即个人所具备的能力及其内部资源允许他们能够有效地应对生活中的挑战。优势视角着重于挖掘小组成员自身的优点，帮助小组成员认识其优势，从而达到解决其外在或潜在问题的目的。

（八）社会支持网络理论

社会支持网络理论是从现代社会系统理论延伸出来的理论分支。它把社会支持与社会系统概念联系起来，将个体与各种社会关系的交往视为一种相互关联的网络。社会支持理论取向的社会工作，强调通过干预个人的社会网络来改变其在个人生活中的作用。

（九）增强权能理论

增强权能是指增强人的权利和能力。增强权能取向的社会工作认为，个人需求的不足和问题的出现是由环境对个人的压迫造成的，社会工作为服务对象提供帮助，应该着重于增强服务对象的权能，以对抗外在环境和优势群体的压迫。

（十）危机介入理论

危机介入模式是社会工作的一种具体的工作方法，社会工作者通过消除危机事件的消极影响，以危机事件为角度介入服务对象面临的现实问题，以提升服务对象适应环境的能力。危机可以分为境遇性、存在性和发展性三类。

（十一）理性情绪疗法（ABC 理论）

理性情绪疗法是指通过纯理性的分析和逻辑思辨的方法，消除服务对象情绪及行为上的非理性信念，解决服务对象所面临的问题。该理论强调情绪来源于个体的想法和观念，个体可以通过改变这些消极因素来改变情绪。

二、社会工作介入群体健康服务的相关方法

在社会工作介入群体健康服务的过程中，可以使用社会工作的直接工作方

法即个案工作方法、小组工作方法以及社区工作方法。

（一）个案工作方法

个案工作是指社会工作者运用社会工作专业的方法和技巧，针对服务对象的不同的个性特征，为其提供个别化的特殊服务，促进其身心健康，以及个人能力的提高的工作过程。针对具有心理问题，甚至具有偏差行为的个体进行个案访谈，首先与服务对象建立良好的专业关系，其次与之一起探寻表层现象的深层次原因，梳理问题发生的前因后果以及相互作用，对症下药，制定实施个案具体干预计划。又如需要心理辅导时，社会工作者可扮演咨询者，抑或是将其转介给专业的心理咨询师。

（二）小组工作方法

小组工作也是社会工作常用的方法之一，小组工作是指社会工作者协助和指导其小组成员，发展并利用组员间的认同感和凝聚力，帮助组员学习积累经验，提高自我认同，恢复自己的社会功能和提高自我能力的专业服务活动。

此外小组工作还有许多类型，包括现实辨识小组、动机激发小组、社交与娱乐小组、缅怀往事小组、治疗性小组、支持性小组等，社会工作者在组织和引导组员参与小组活动时，还要注意以下几点：要有充分的准备；活动简单易学；及时赞赏；关注组员的感受；团体活动灵活多变；结局圆满等。

（三）社区工作方法

社区工作以社区和社区的居民作为服务对象，通过动员和组织社区居民参与集体行动，确定社区的问题与需求，动员社区资源，争取外力协助，有计划、有步骤地解决或预防社会问题，调整或改善社会关系，减少社会冲突，培养自助、互助及自决的精神，加强社区的凝聚力，培养社区居民民主参与意识、能力，发掘并培养社区的领导人才，以提高社区的社会服务水平，促进社区进步。此方法注重社区资源的调动。本书针对老年群体的社会参与问题研究，就充分利用了社区社会工作的理论和方法。

总体上来说，健康社会工作涉及范围广，包括临床医疗、公共卫生、精神障碍、康复医疗、中医学与中药学、医疗慈善、临终关怀等内容。在这些内容中健康社会工作者不仅要像之前的医务工作者一样提供医疗照顾服务，也需提供疾病的宣传与预防等服务。健康社会工作是指社会工作者以有获得健康需要的个人及家庭为服务对象，运用个案、小组、社区等社会工作专业方法开展健康社会工作，维护个体的身体机能健康，社会功能正常，提高人的生活质量的工作过程。健康社会工作贯穿于所有人的生命历程与健康需要，无论是婴幼儿、青年、中年、老年，抑或患病和未患病人群。

健康社会工作要求工作者针对不同阶段的个人采取不同的健康促进服务。工作者采取健康讲座的方式普及健康预防的重要性，进行健康知识理念宣传。使群众形成不仅要治疗已经发生的疾病，也要降低未发生疾病的概率，降低患病率的意识。工作者针对婴幼儿，建立"新手妈妈联合会"，向新手母亲普及有关婴幼儿的健康教育知识，使女性更好地进行母亲的角色适应。针对青少年，着手进行青少年性教育，使青少年对性抱有正确的态度，不会因为自身的好奇而误入歧途。在此健康社会工作者在一定程度上弥补了传统健康教育的缺失。针对老年人口采取小组、社区工作等专业手段，建立老年个体专属档案，记录老人健康数据。针对已患病老人，组织患有相同慢性病的老人组成"病友会"，减轻疾病所带来的心理压力，避免个别老人采取"破罐子破摔"的想法，积极采取治疗，控制疾病进一步恶化，交流应对疾病经验，提升治疗疾病信心。与此同时，动员患病老人家属，对老人及其家属进行心理辅导治疗，使患者及家属的生活质量得到有效提高。针对未患病老人，工作者不间断进行义诊服务，组织老人进行户外保健操等运动，合理膳食，养成良好的生活习惯。在此，社会工作者应与相关医院进行合作，积极进行医养结合实践探索。

02

第二章

社会工作与老年健康服务

从第七次全国人口普查的数据来看，中国在 2010—2020 年十年里已经走过了人口的首次高速老化时期，此后将面临更快的老龄化。截至 2020 年 11 月 1 日零时，全国人口①中，60 岁及以上人口约 2.64 亿，占 18.7%。在 2000 年进入老龄化社会后的 20 年里，老人的比重增加了 8.4 个百分点，从 2010 年第六次全国人口普查到 2020 年第七次全国人口普查，10 年内上升 5.4 个百分点。到了"十四五"期间，20 世纪 60 年代的第二次生育高峰所形成的庞大的人群群体将陆续进入老年，这就导致中国的老龄化程度将转到"快车道"。

在我国人口老龄化问题日益突出的背景下，党的十九届五中全会将积极应对人口老龄化上升为国家战略。《中共中央关于制定国民经济和社会发展第十四个五年规划和二〇三五年远景目标的建议》特别提到了"实施积极应对人口老龄化国家战略"。我国的人口老龄化不但正在进行，而且正在加快。根据第七次全国人口普查，65 岁及以上老人所占比例为 13.5%，相比于 2010 年的 8.9% 提升 4.6 个百分点，显示我国老龄化问题进一步加剧。根据国际经验，65 岁以上老人占总人口 7%即视为进入老龄化社会，而达到 14%以上的，就进入深度老龄化的社会。社会工作必须正视人口老龄化问题，加快推进积极应对人口老龄化国家战略的落实。为响应党和国家的号召，社会工作者应对影响老年健康问题的因素进行分析和调查，找到影响老年人健康问题的原因，并提出相应的解决办法。随着人口老龄化的速度加快，老人问题不断突出，老年社会工作对于社会来说也变得更加不可或缺。老年社会工作的服务对象为老年人，社会工作者运用社会工作专业的理论和方法，帮助老年人解决物质和精神等方面的困难，改善其健康状况，帮助其走出困境，更好地适应社会。在老年社会工作中，社会工作机构和社会工作者为老年人提供社会保障和社会服务，帮助其解摆脱困境，使老年人能够健康地融入社会，参与社会互动，幸福地度过老年生活。

---

① 全国人口是指大陆 31 个省、自治区、直辖市和现役军人的人口，不包括居住在 31 个省、自治区、直辖市的港澳台居民和外籍人员。

第一节

────

人口老龄化与老年健康问题

一、人口老龄化

我国第七次全国人口普查结果与第六次全国人口普查结果相比，老年人口的比重有了明显的提升。我国人口老龄化正向深度化发展，人口数量红利逐渐向人口质量红利转变。与发达国家相比，我国所呈现的特点是未富先老，将在国民人均生产总值较低的情况下提前步入老龄化社会，预计将会在 2040 年迎来老龄化高峰。在此背景下，如何建设合理的社会保障体系，探索个性化的养老保障服务迫在眉睫。此外，2019 年联合国《世界人口数据展望报告》还指出，所有的国家和地区几乎都在经历人口老龄化，我国老龄化程度排名处在世界较前的位置。人口老龄化与老年健康问题有着密切的联系，我国人口老龄化的特殊性启示社会工作者在认识老年问题时要综合生理、心理、社会等层面来研究，不仅要做到整合整体需求，还要关注个体差异。

我国的人口老龄化存在着严重的不均衡、不稳定的问题，我国的人口老龄化速度快，各地区程度差异较大。人口老龄化还会引发如就业、养老、住房、产业、消费等层面的一系列问题，此类问题均可概括为老龄化所带来的社会压力及负担。如果老年人的健康问题能够妥善解决，就可以在一定程度上解决人口老龄化所带来的社会问题，因此可以认为老年问题特别是老年健康问题的解决是实现健康老龄化的必要路径。身心健康是老人安享幸福晚年的基础。医院、家庭、机构应具有丰富的老年健康知识、疾病预防知识。因此，应评估老年人的心理健康状态与社会功能是否健全，从老人的家庭状况与社会关系网络出发对老人的身心状态进行全方位评估，使老人关注健康生活，具有健康生活的理念。随着年龄的增长，老年群体需要更复杂的健康照顾，包括预防性健康照顾、疾病档案管理、长期起居照料等多方面的内容。

二、老年健康问题

老年人的健康问题可分三个方面：生理健康、心理健康和社会健康。生理、心理与社会的健康共同作用于老年人的健康晚年，对于老年人个人的成功老化以及社会的健康老龄化起着至关重要的作用。

在心理方面，老年人的心理健康又受到生活态度、居住模式以及老年期的正常心理状况等因素的影响。埃里克森的人格发展理论指出，部分老年人由于在步入老年期之前的生活中积攒的消极感多于积极感，所以会在老年期产生无法完成自我统整的失望感，除此之外，人在步入老年后的居住方式大体可以分为与子女同住、独居、在养老院等机构生活这三种方式。有学者研究发现，老年人的居住模式在很大程度上会影响老年人的健康，与子女同住模式对老年健康有着明显的消极影响，而居住在子女附近的"分而不离"的模式，对老年人的健康会产生更有利的影响，对于老年人的成功老化有着更为积极的作用。其次，在老年人完全独居以及在养老院生活的情况下，由于缺少必要的情感支持，会使老年人产生严重的孤独感与社会背离感。在正常情况下，老年人在步入老年期后，身体机能会产生一定程度的下滑，身体健康状况不如以前，这就会使老年人不可避免地出现无力感。此外，丧偶等情况也会对老年人的健康产生消极影响。

在生理方面，老年人的健康与年轻时的生活习惯和方式有着很大的关系，此外，老年人的健康与其子女的照料也存在着很大的关系，如果子女能够给予父母一定的情感和经济支持，对于解决老年人的身体健康问题会有一定的帮助。除了老年人的自身因素以及家庭因素外，积极有效的外部支持对于老年健康问题也至关重要。政府的政策补贴、社会机构的积极援助等都会在老年生理健康方面提供一定帮助。

老年人的心理和生理健康不仅仅只受到各子因素的影响，这二者之间的相关性也极为强烈，健康的心理状况能够促进身体的健康，而身体的健康又为心理健康提供了一定的保障。老年人常见的健康问题有以下几个方面。

（一）身体健康问题

1. 心脑血管疾病

老年人自身代谢水平下降，若饮食上长期高盐、高糖，易导致心脑血管疾病，危害老年人的健康。心脑血管疾病死亡率高、复发率高，同时伴随着多种慢性病，如冠心病、高血压、高血脂等。在心脑血管急性期发作后，患者常患有偏瘫、语言障碍等后遗症。面对心脑血管疾病，应以预防为主，辅助以药物控制，促进老人养成良好的生活习惯与饮食习惯。

2. 恶性肿瘤

中老年是恶性肿瘤的高发期，并有较高的死亡率，常见的有肺癌、胃癌、肝癌、前列腺癌、胰腺癌，中老年妇女也容易患乳腺癌、子宫癌。发病原因与老人的遗传因素和饮食习惯有关，并且老年恶性肿瘤发现的时间多是中晚期，当治疗效果不理想时，我们应该将重点放在照护老人、陪伴老人、提高老人的生活质量等方面。

3. 阿尔茨海默病

阿尔茨海默病是患者脑部功能失调的表现，表现为患者的记忆力、注意力、空间思维能力存在障碍。患者大都患有不同程度的认知障碍，并且在早期难以察觉，其发作程度是渐进式的。阿尔茨海默病多是缺少陪伴沟通，在早期没有采取科学方法对疾病进行针对性的治疗。其发病率与患者性别、之前从事职业、薪资水平存在关联。经常进行户外锻炼、社会活动多、兴趣广泛的老人患病率明显较低。并且阿尔茨海默病患者常伴有自理能力丧失，与此同时引起褥疮等并发症。

4. 其他疾病

除以上疾病，关节炎、肥胖、冠心病、糖尿病等也严重影响老人的健康。在老年人患病类型中，慢性病居首位，如高血压、肥胖、高血脂、高血糖等。不良的生活习惯与饮食习惯有可能导致疾病的发生，有些老年人在患慢性病后觉得恢复无望，消极治疗，导致患病程度加深。应对老年人进行健康知识教育并组织病友间交流，控制慢性病发展并促进老人健康恢复。

（二）心理健康问题

身体机能的下降或是器质性病变可能导致老人心理问题的产生，老人的心理健康问题逐渐得到人们的关注。有的老人因为患有糖尿病、心血管疾病或其他慢性病而恐惧接触外界的事物，变得沉默寡言，有些老人因为丧偶或缺少子女的陪伴而感到孤独厌世，有些老人因为退休面对社会身份的转变、社会生活场景的变化不能很好地适应，诱发心理疾病。

（三）社会健康问题

随着医学模式由传统生物医学模式向生物—心理—社会模式转变，人们逐渐意识到老人的社会心理健康问题的产生与家庭支持情况、社会生活参与情况、社会支持等因素有关。促进老人的社会健康有利于老人心理健康与身体疾病的恢复，提高老人的生活质量与生活满意度。

对于老年社会工作而言，健康毫无疑问是最重要的领域。健康老龄化早已成为老年社会工作服务和干预的重点内容。针对老年健康问题，社会工作者可以着手参与建设老年健康关护体系，搭建老年人照护及互助平台，针对老年人的个人、家庭、社会等因素分别构建自我支持系统、代际支持系统、同辈支持系统以及社会支持系统，从老年人的亲人、朋友、社会援助等维度入手，对老年健康问题开展积极的干预，促进健康老龄化，如表 2-1 所示。首先，在自我支持系统中，可以帮助老年人养成健康的生活方式，培养积极健康的生活态度，帮助其预防一些老年人常见的疾病。其次，在代际支持系统中，子女承担着主要的角色，在经济、日常照料、心理慰藉等方面提供必要的支持，这是我国老年人普遍接受的一种子女支持系统。再次，同辈支持系统在老年健康中发挥着一定作用，老年同辈群体可以有效促进老年人的自我统整，帮助老年人消除失望感和孤独感。最后，从社会支持系统的角度分析，医养结合为老年健康提供了更加灵活多变的方式和途径，为政策的实施提供了可能性，更加完整地将政府、社会机构、社会这三方社会因素融合，为老年健康问题的解决提供合力，促进健康老龄化与积极老龄化。

表 2-1　老年健康关护支持体系

系统	维度	方法
自我支持系统	老年人群体	调整生活方式、生活态度 常见病预防
代际支持系统	子孙	经济支持 生活照料 精神慰藉
同辈支持系统	朋友	自我统整
社会支持系统	政府、机构、社区	医养结合 三方融合

第二节

老年社会工作的含义及理论基础

随着人口老龄化的速度加快，老人健康与社会适应等问题不断突出，老年社会工作对于社会来说也变得更加不可或缺。老年社会工作的服务对象为老年人，社会工作者运用社会工作专业的理论和方法，帮助老年人解决物质和精神等方面的困难，改善其生活品质，帮助其走出困境，更好地适应社会。在老年社会工作中，社会工作机构和社会工作者为老年人提供社会保障和社会服务，帮助其解摆脱困境，使老年人能够融入社会，参与社会互动，幸福地度过老年生活。

老年社会工作有广泛的理论基础，社会工作者在老年社会工作实务中运用社会撤离理论、活动理论、符号互动理论、社会交换理论等对存在不同问题的老年人开展服务，帮助解决社会问题。

一、社会撤离理论

社会撤离理论认为人们在每一个年龄阶段的能力都存在着不同程度的差异，

人的各方面的能力会伴随着年龄的增长而下降，而人们在进入老年期时，生理机能存在不同程度的下降，且老年人在生活中所扮演的角色由主要变为次要甚至丧失，更加希望摆脱他人对其能力的期待，而更愿意扮演次要的社会角色，选择脱离社会。

二、活动理论

活动理论认为活动水平高的比活动水平低的老人更易感觉满意且社会融入度更高。活动理论主张老年人应该尽可能地保持中年时的生活方式，用新角色代替之前所失去的角色，从而更好地参与社会互动。社会工作者不仅要从态度上鼓励老年人更多地参与社会互动，还要为老年人创造一个易于接触社会活动的环境，促进老年人的成功老化。

三、符号互动理论

符号互动理论认为，人们的自我认知及自我概念是在与社会环境以及他人的互动中获得的，人们在进行自我思考和自我反省时往往考虑他人对自己的评价及态度，更加重视符号的意义在人们的社会互动中的作用。

符号互动理论还延伸出了社会重建理论和社会损害理论。社会损害理论启示社会工作者可以改变老年人生存的环境以帮助老年人重建自信心，获得满足感和被尊重感。社会工作者还可以根据社会重建理论帮助老年人重建自我认知，改善老年人的社会交往环境；通过向政府申请帮助来解决老年问题；帮助老年人自我感和自我效能感的提升。

四、社会交换理论

社会交换理论强调人们在社会互动中的交换行为，在交换的过程中双方都考虑各自的利益。在交换理论看来，人们是通过掌握社会所认可的资源的程度来确认自己的社会地位的。社会工作者根据社会交换理论可以做到帮助老年人链接政策资源，丰富和增加老年人的权利资源，帮助老年人重新体验被尊重的感觉，提升老年人的自我效能感。

五、次文化理论

次文化理论又被称为老年亚文化群理论，目的在于揭示老年群体的共同特征，该理论认为老年人重新融入社会的最好方式是形成并参与老年亚文化群。

六、年龄分层理论

年龄分层理论的核心是年龄、责任与角色三者之间的动态关系，年龄不是个人的特征，而是一个普遍性的标准，年龄贯穿于现代社会的整个系统中。当人们的年龄发生层次间的转移时，社会所赋予人们的角色与责任也会发生相应变化。社会工作者可以根据各个年龄层对社会的贡献或反应能力、年龄层的社会形式以及与年龄有关的期望等因素来判断老年人的情况，对老年人展开专业性的服务。

第三节

老年社会工作的基本内容与方法

老年社会工作的内容主要有老年救助服务、老年生活服务、老年家庭关系处理、老年心理辅导等几个方面，随着老年人对生活要求的提高，老年社会工作内容新的需求不断出现，例如老年医疗健康服务、老年教育服务、老年就业服务等，现代环境下医养结合对老年社会工作的启发也极为深刻。

一、老年社会工作的基本内容

（一）老年救助服务

社会工作者对老年人展开评估，特别是针对特殊老年人的物质和生活条件，为有困难的老人提供经济和物质上的支持和援助，以保障其基本生活需求。

（二）老年生活服务和照顾安排

帮助老年人塑造便于成功老化的生活环境，为其成功老化奠定基础，对老年人的日常生活、心理状态、社会互动和社会参与等方面展开评估，为老年人的医疗和养老等方面提供各种生活上的辅导与照料服务，帮助其解决一些生活中的困难。

（三）老年家庭关系处理

协助老年人处理子女关系、夫妻关系等困扰老年人老年生活的各种家庭关系，以改善老年人的家庭环境，构建和谐的家庭氛围。

（四）老年心理辅导

帮助老年人进行自我心理调适，为有心理问题、认知问题的老年人提供心理辅导，调节、缓解其内心压力，帮助其培养积极健康的生活态度。

（五）老年社会参与和社会融合

帮助老年人参与合适的社会活动，促进老年人社交，鼓励老年人走出家庭，寻找自己的生活乐趣，从而提高社会适应的能力，帮助其提高社会融入的程度。

（六）危机干预

评估老年人所面临的各种危机，采用科学、专业的方法及时制定干预计划，完善应急措施，预防危机发生，保障老年人的健康。

此外，老年社会工作的服务照顾模式还可以分为机构照顾、社区照顾和家庭照顾等模式，机构照顾包括老年医院、护理型养老院、特殊护理院、保健型养老院和老年公寓等。机构照顾需要较为完善的服务设施以及高水平的专业人员。工作者要有较强的专业性，需要熟练掌握尊重、接纳等服务技巧。社区照顾是指老人在其较为熟悉的社区中接受专业的照顾。社区内可以设置居家护理中心、老年服务中心、托管服务中心等模块。社区照顾同时也指综合运用社区内的人力、物力以及外部社会资源等去满足社区内的老年人的多种不同的需要，以帮助建设一个促进成功老化的环境。发展社区照顾对于我国老年问题的解决来说是一条可行的路径。家庭照顾是指家庭成员、亲戚、邻居以及志愿者深入老年人家庭中为其提供基本的生活和情绪照顾，以及志愿者或者工作人员所提供的社会保障、社会福利服务和医疗健康服务等。

二、老年社会工作的方法

老年社会工作有老年个案工作、老年小组工作和老年社区工作三大方法，社会工作者运用这些专业方法可以分别为老年人以及老年社会提供个性化的、普遍性的和机构性的服务和照顾。

（一）老年个案工作

老年个案工作是指老年社会工作者运用社会工作专业的方法和技巧，针对老人的不同个性特征，为其提供个别化的特殊服务，促进其身心健康以及个人能力的提高，帮助其成功老化的工作过程。由于老年群体的特殊性，老年个案工作的原则要遵循以下几个方面：首先，要从价值观上接纳并尊重老人；其次，与老年人建立相互信赖的关系；最后，在工作时要有耐心，遵循个别化的原则，鼓励老年人自我选择和决定。除此之外，老年个案工作还需要掌握怀旧和生命回顾的技巧，帮助老人回顾过往生活中最重要、最难忘的事件或者时刻，重新体验被尊重的感觉，从回顾中让老年人重新体验快乐、成就感、尊严等多种积极健康的情绪，帮助老人找回自尊，提高自我效能感。除此之外，还可以让老人对整个生命进行回顾，帮助老年人回想过去成功和失败的不同经历，帮助老人自我反省，让老人重建完整的自我，对自我有一个清醒正确的认知。

（二）老年小组工作

老年小组工作是指社会工作者协助和指导老年人，发展并利用组员间的认同感和凝聚力，帮助老年组员学习积累经验，提高自我认同，恢复自己的社会功能和提高自我能力的专业服务活动。社会工作者在组织小组时要有耐心、细致、温和、周到以及不强求的工作态度，尽可能考虑到每个老年人的特殊需要。

（三）老年社区工作

老年社区工作是指社会工作者综合运用各种工作方法，改善老人与社区的互动情况来提高老人的自助、互助能力，促进老人的社区参与和社会融入，通过老人群体参与的模式去改善其生活质量的一种服务活动和服务过程。

老年社区还分为地域性社区及功能性社区，而老年社区工作又有福利性社区工作和政治性社区工作之分，当不同性质的社区工作运用到不同类型的社区中时，便产生了社区服务、社区照顾和教育、社区民主建设、老人教育及权益争取以及反对年龄歧视等不同的老年社区工作的内容。

第四节

社会工作介入老年人社区参与问题

一、老年人社区参与的必要性

老龄化对人们来说似乎是一件好事，更长的寿命是人们所追求的，也是当今社会发展的一场胜利。世界卫生组织于 1999 年 "世界健康日" 时，提出 "积极老龄化" 的口号，号召 "全球积极的老龄化行动"。世界卫生组织组织了许多专家讨论，并于 2002 年制定了一份名为《积极老龄化——政策框架》（"Active Ageing：A Policy Framework"）的报告。《积极老龄化——政策框架》将积极老龄化定义为：一个人在晚年时，尽可能地利用健康、参与和保障的机会，以改善其生活品质。"积极" 是指老年人在身体健康、能够参加体力活动和参加工作的同时，还要参加社会、经济、文化、精神和公益事业。报告中提到了 "参与" 这一重大发展方向，即积极的老龄化问题。该报告说，参与是指 "在劳动市场、就业、教育、健康、社会政策和计划中，为老年人创造一个良好的社会经济、文化和精神生活环境，让他们在基本人权、能力、需求和兴趣的基础上，为社会发展做出贡献"。《中华人民共和国老年人权益保障法》特别规定老年人有参与社会发展的权利，特别指出："国家和社会应当重视、珍惜老年人的知识、技能、经验和优良品德，发挥老年人的专长和作用，保障老年人参与经济、政治、文化和社会生活。" 但是在基层社区中，老年人社区参与的现状和理想存在着偏差。

针对老年人社区参与，我们参考了相关学者的调查研究。邬沧萍在其《积极应对人口老龄化理论诠释》中指出:"积极老龄化"需要三个先决条件,世界卫生组织提炼出来的"积极老龄化",其目的是更新老龄化的旧观念,提高老年人健康预期寿命和生活质量,需要健康、保障、参与三个支柱达到最优结合状态的同时,还必须有三个前提条件:①人生全过程的角度;②确认老年人的权利;③跨行业和跨世代的协作。积极老龄化,是当前应对人口老龄化的一种科学的理论框架,而社会参与则是其关键所在。从老年社工的角度来看,很多老人想要做点什么却又找不到合适的机会,有些老人由于脱离了主流的社会生活而患上了老年抑郁症,也有一些老人由于长时间的孤独,没有人与他们交流,从而使他们的大脑发生了退化。使老年人保持运动,积极参加社会生活,对于预防老年人大脑的衰退有着不容忽视的作用。

在当前高速发展的社会中,仍旧有一部分人对老年群体的存在意义有一些理解偏差,对社区中老年群体的社会参与持否定或消极的看法。在部分人的看法中,当人们在进入老年时期后,就逐渐地退出政治生活和经济生活的主战场。更有甚者,认为老年人不要给社会和核心家庭添麻烦就是最好的归宿。而在基层社区治理中,社区管理者更多的是将目光放在如何积极引进青壮年群体加入社区治理队伍中,将退休老年人作为社会弱势群体看待,忽视了具有社会效益的老年人。从社会学的观点来看,人的本性就是社会性,人是所有社会关系的集合体,人总是处于各种关系中,以求生存与发展。因此,人要面对三种关系:人与自然、人与人、人与自己。老年人作为具有社会属性的存在,仍需要依存社区生活,积极地投身于社区参与。

二、老年人社区参与调查分析

本文以中国社科院社会学研究所"2019 年中国社会综合调查"的数据为依据,从中抽取了 2 463 名 60 岁以上的老年人为研究对象,探究老年人的社区参与影响,本研究采用 IBM SPSS 26 统计软件,对调查的数据结果进行单因素ANOVA 方差分析。

在研究方法上,主要采用单因素方差分析(one-way ANOVA),探究老年人社区参与的影响因素,将社区参与分为社会表达参与、社区政治参与、社区建设参与、社区维权参与四个方面。

待检测的参考因素主要有：老年人的性别比例、受教育水平、目前社会经济地位在本地所属层次、职业身份、家庭工作是否能很好地平衡、是否参加过关于志愿服务的培训等。本次调查把老年人受教育水平分为从未上过学、小学、初中、高中、中专及以上五个层次水平。

本章以老年人受教育水平、老年人志愿服务培训、老年人目前社会经济地位在本地所属层次为主要分析因素，分析它们对老年人在社会表达参与、社区政治参与、社区建设参与、社区维权参与四个方面的影响。

不同变量下的实际调查样本的分布情况如表 2-2 所示。

表 2-2　样本分布情况

变量名称	变量值	频率	百分比/%	累计百分比/%
性别	男	1 168	47.4	47.4
	女	1 295	52.6	100.0
老年人受教育水平	从未上过学	529	21.5	21.5
	小学	778	31.6	53.1
	初中	663	26.9	80.0
	高中	347	14.1	94.1
	中专及以上	144	5.9	100.0
目前社会经济地位在本地所属层次	上	34	1.4	1.4
	中上	192	7.8	9.2
	中	1 039	42.2	51.4
	中下	607	24.6	76.0
	下	554	22.5	98.5
	不好说	37	1.5	100.0
是否参加过与志愿服务有关的培训	是	95	3.9	3.9
	否	2 368	96.1	100.0
合计	—	2 463	100.0	—

三、老年人社区参与现状及存在的问题

随着时代和社会的发展，我们认识到，应对人口老龄化的现实刻不容缓，党的十九届五中全会更是把积极应对人口老龄化提到了国家战略层面。从长远看，中国老龄人口的增长速度将一直保持稳定，在劳动供给、财富储备、科技创新和产品供给等各方面的努力下，人口老龄化对高质量发展的压力有望得到化解，甚至于向动力转换。化解人口老龄化带来的压力，老年人自身就是巨大的人力资源，调动老年人社区参与的积极性是重要的实现途径。我们的调查研究就是探讨老年人在社区参与的过程中受到哪些因素的影响，从而破除社会大众对老年人的刻板印象，吸纳老人参与社区建设，推动和谐社会建设。

（一）老年人社区参与现状

调查显示，老年人参与过社区活动的人数为 1 297 人，没有参加的人数为 1 166 人，分别占总样本的 52.7% 和 47.3%。没有参与过社区活动人数略少于参与过社区活动的人数，因此，老年人在社区活动中的参与动机还有待进一步提升。

社区是一个社会的重要部分，老年人在社会中积极地将自己关注的社会问题反映给媒体，并将自己的想法反馈给政府，这既是他们对社会的关注，也是他们社会表达和参与的一个重要表现。从调查分析中我们得知愿意参与的有 1 026 人，不愿意参与的有 1 127 人，分别占总样本数的 41.7% 和 48.6%，这两项有效累积百分比为 92%；愿意反映意见的有 1 072 人，不愿意的有 1 067 人，分别占总样本量的 43.5% 和 43.3%，这两项有效累计百分比为 94%。

老年人是否愿意参与村（居）委会选举是老年人的社区政治参与度的表现，愿意参与选举的有 786 人，不愿意参与的有 556 人，分别占总样本量的 31.9% 和 23.0%，这两项有效累计百分比为 94.9%。

老年人参与所在村居或单位重大决策的讨论是老年人参与社区建设的重要途径，在调查人群中，愿意参与的有 1 176 人，不愿意参与的有 880 人，分别占总样本的 47.7% 和 35.7%，这两项的有效累计百分比是 95.0%。

社区维权参与以被调查者是否参与过线上或线下集体维权活动为测量问题，参与过的有 1 098 人，没有参与过的有 1 080 人，分别占总样本量的 44.6% 和 43.8%，这两项的有效累计百分比是 91.3%。

老年人社区参与现状具体情况如表 2-3 所示。

表 2-3 老年人社区参与现状

变量名称	变量值	频率	百分比/%	累计百分比/%
您是否愿意向媒体反映社会问题	愿意参与	1 026	41.7	42.4
	不愿意参与	1 197	48.6	92.0
	不好说	194	7.9	100.0
	缺失	46	1.9	—
您是否愿意参与村（居）委会选举	愿意参与	786	31.9	55.2
	不愿意参与	566	23.0	94.9
	不好说	73	3.0	100.0
	缺失	1 038	42.1	—
您是否愿意参与向政府部门反映意见	愿意参与	1 071	43.5	47.1
	不愿意参与	1 067	43.3	94.0
	不好说	137	5.6	100.0
	缺失	188	7.6	—
您是否愿意参与所在村居或单位的重大决策的讨论	愿意参与	1 176	47.7	54.3
	不愿意参与	880	35.7	95.0
	不好说	109	4.4	100.0
	缺失	298	12.1	—
您是否参加过线上或线下集体维权活动	愿意参与	1 098	44.6	46.0
	不愿意参与	1 080	43.8	91.3
	不好说	208	8.4	100.0
	缺失	77	3.1	—
您没有参加过以上社区活动	是	1 297	52.7	52.7
	否	1 166	47.3	100.0
您认为当前的志愿服务存在哪些不足之处	志愿服务项目主要靠团组织分派，缺乏自主性	233	9.5	—
	计划不充分，组织者和志愿者疏于沟通	249	10.1	

续表

变量名称	变量值	频率	百分比/%	累计百分比/%
您认为当前的志愿服务存在哪些不足之处	志愿者缺乏热情	239	9.7	—
	缺乏稳固的资金支持	314	12.7	—
	形式主义，不讲求实际成效	342	13.9	—
	志愿者在志愿服务过程中不能获得个人成长	129	5.2	—
	没有什么不足	644	26.1	—
	不清楚	1 146	46.5	—
	总计	2 463	100.0	—

（二）老年人社区参与存在的问题

1. 老年人社会表达参与主动性不足

老年人积极地把自己关注的问题反映给社会，是他们表达自己的愿望的一种方式，也是他们主动融入社会的一种重要方式。我们在此次研究中设计的问题是老年人是否愿意向媒体反映社会问题，呈现的结果表明，愿意参与的有 1 026 人，不愿意参与的有 1 127 人，分别占总样本数的 41.7%和48.6%，这两项有效累计百分比为 92%。老年人是否愿意向政府部门反映意见是老年人社会表达参与的重要表现，愿意反映意见的有 1 072 人，不愿意的有 1 067 人，分别占总样本量的 43.5%和 43.3%。所以在社会大环境中，老年人向社会反映问题和表达诉求的主动性不足。

2. 老年人社区政治参与度不高

在社区参与的实践中，社区居委会发挥着动员、组织、倡导的作用，是社区活动和社区服务的主要力量。老年人已成为居委会开展社区活动、提供社区服务所凭借的重要而丰富的人力资源。老年人在村（居）委会参与选举是老年人社区政治参与的重要环节，这体现了老年人对社会的关注度，也是老年人作为公民行使自己的权利的方式。然而，在我们的调查研究中发现有 786 名老人自愿参加投票，556 名不愿参加，分别占总样本量的 31.9% 和 23.0%。由此可以看出，老人对社会政治的参与程度并不高。

3. 老年人社区建设参与积极性有较大提升空间

在考察老年人社区建设参与情况时，我们设定的问题是老年人是否愿意参与所在村居或单位的重大决策的讨论。社区重大决策的讨论是社区建设的智慧来源，为了使决策更快、更好、更全面地投向广大社区居民，居民的社区建设参与尤为关键。在我们的调查群体 2 463 人中，愿意参与的有 1 176 人，不愿意参与的有 880 人，分别占总样本的 47.7% 和 35.7%。由此可见，老人参与社区建设的积极性还有很大的提高空间。

4.老年人志愿服务参与存在形式主义、缺资金、缺计划、缺乏沟通等问题

在我们的调查中，针对目前我国老年志愿者工作中存在的问题进行了分析和探讨。数据中所呈现的问题可以进行多项选择。其中认为志愿服务项目主要靠团组织分派，缺乏自主性的老年人有 233 人，占总样本量的 9.5%；认为志愿服务计划不充分，组织者和志愿者疏于沟通的老年人有 249 人，占总样本量的 10.1%；认为在志愿服务中志愿者缺乏热情的有 239 人，占总样本量的 9.7%；认为志愿服务中缺乏稳固的资金支持的老年人有 314 人,占总样本量的 12.7%；认为在志愿服务中存在形式主义，不讲求实际成效的老年人有 342 人，占总样本量的 13.9%;认为志愿者在志愿服务过程中不能获得个人成长的老年人有 129 人，占总样本量为 5.2%；认为在志愿服务中没有什么不足和不清楚有什么不足的分别有 644 人和 1 146 人，占总样本量的比例分别是 26.1% 和 46.5%。

通过对老年人参加志愿活动情况的调研和分析，发现目前我国老年人参加志愿活动存在诸多问题。大部分老年人对志愿服务中存在的不足持不清楚的观点，表明老年人对志愿工作的重视不够。而在志愿服务中搞形式主义，不讲求实际成效；缺乏稳固的资金支持；计划不充分，组织者和志愿者疏于沟通这三项，是更多的老年人认为的不足之处。

本研究发现老年人在不同方面的社区参与中，所表现的参与积极性不同。根据我们利用马斯洛需要层次理论进行的数据分析，不同受教育程度、不同社

会经济地位、不同工作状况的老年人，他们实现最高需要层次即自我实现的表现及实现途径和目标是不同的。李宗华认为文化水平与参与社区活动的重视度呈正相关；职业声望、社会地位与离退休前社会参与的关系呈非正向关系；收入对老年人的社会参与具有显著的影响，那些认为自己经济收入不高的老年人是主要的社会参与主体，他们的参与程度比那些收入较高的老年人要高。社区组织发育不完善，缺乏主动性是导致老年人社会参与度低的重要因素。[①]

综上我们可以发现老年人在社区参与中存在积极性不足的问题，自身的表达性参与以及社区活动和志愿服务中都存在着主动性不强的问题。尤其是在社区志愿服务中存在着较大的顾虑。在我们当前社会中，老年人群体是不容忽视的存在，老年人的社区参与是社区建设和社会建设的一笔巨大的人力资源财富，探讨影响老年人社区参与的因素，促进老年人社区参与，是我们当前社会工作的重要内容。

四、老年人社区参与影响因素分析

（一）受教育水平对老年人社会表达参与有正向影响

受教育水平对老年人社会参与的影响数据分布如表 2-4 所示。

表 2-4　受教育水平对老年人社会参与的影响数据分布

受教育水平	老年人向媒体反映社会问题的积极性	老年人向政府部门反映意见	老年人参加村（居）委会选举	老年人参加所在村居的重大决策的讨论	老年人参加线上或线下的集体性维权活动
未上学 529 人（21.5%）	183（34.6%）	210（39.7%）	182（34.4%）	227（42.9%）	220（41.6%）
小学 778 人（31.6%）	323（41.5%）	332（42.7%）	250（32.1%）	393（50.5%）	346（44.5%）
初中 663 人（26.9%）	292（44.0%）	309（46.6%）	205（30.9%）	321（48.4）	302（45.6%）

① 李宗华，高功敬. 积极老龄化背景下城市老年人社会参与的实证研究[J]. 学习与实践，2009（12）.

续表

受教育水平	老年人向媒体反映社会问题的积极性	老年人向政府部门反映意见	老年人参加村（居）委会选举	老年人参加所在村居的重大决策的讨论	老年人参加线上或线下的集体性维权活动
高中 347 人（14.1%）	160（46.1%）	153（44.1%）	101（29.1%）	161（46.4%）	166（47.8%）
中专以上 144 人（5.9%）	66（45.8%）	66（45.8%）	48（33.3%）	73（50.7%）	63（43.8%）

表 2-4 中的数据显示，老年人的受教育水平对老年人社会参与积极性有正向影响。本次调查把老年人受教育水平分为从未上过学、小学、初中、高中、中专及以上五个层次水平。老年群体的受教育程度存在着很大的差距，有 21.5% 的老年人从未上过学，而接受过的教育层次主要集中在小学、初中和高中，分别占到 31.6%、26.9%、14.1%；中专以上仅仅占到 5.9%。老年群体的文化素质与其所处的时代和社会环境有很大的关系。然而，从社会发展的角度来看，老人的受教育水平也对其多元的社会参与产生了一定的影响。

受教育程度对老年人社区参与积极性的方差分析如表 2-5 所示。

表 2-5 受教育程度对老年人社区参与积极性的方差分析

社区参与		平方和	自由度	均方	F	显著性
社会表达参与（媒体参与）	组间	4.768	4	1.192	4.910	0.001
	组内	585.039	2 410	0.243	—	—
	总计	589.807	2 414	—	—	—
社会表达参与（向政府反映意见）	组间	3.264	4	0.816	3.287	0.011
	组内	563.262	2 269	0.248	—	—
	总计	566.526	2 273	—	—	—
社区政治参与	组间	1.189	4	0.297	1.202	0.308
	组内	351.270	1 420	0.247	—	—
	总计	352.459	1 424	—	—	—

续表

社区参与		平方和	自由度	均方	F	显著性
社区建设参与	组间	2.801	4	0.700	2.831	0.023
	组内	533.907	2 158	0.247	—	—
	总计	536.708	2 162	—	—	—
社区维权参与	组间	1.258	4	0.315	1.266	0.281
	组内	590.956	2 379	0.248	—	—
	总计	592.214	2 383	—	—	—

总体来看，随着老年人受教育水平的逐级提升，老年人向媒体反映社会问题的积极性和向政府部门反映意见的积极性有所提高，在老年群体中，受教育程度对他们的社会表达参与有很大的影响。

从我们的数据分析中可以得知，受教育程度对老年人的社会表达参与、社区建设参与的影响性通过 0.05 的显著性检验。受教育程度高的老年人有更多的表达的机会和内容，在受教育的过程中逐渐学习掌握利用手机、电脑、新闻媒体等媒介方式，来反映社会问题，表达自己的意见。受教育程度高的老年人在思想觉悟和政治素养方面有较高的水平，在社区中具有较高的社会声望和社会地位，所以在社会生活中能够主动向政府部门反映自己的意见，在社区建设中不仅需要年轻人的创新发展还需要老年人的经验传授和积极提议。所以受教育程度高的老年人在群体中更容易得到重视，其自身的价值性也能够得到体现，社区建设参与积极性也较高。

由此我们得出结论，随着被调查老年人教育水平的普遍提高，老年人在社会表达参与和社会建设参与等方面参与积极性也会普遍提高。而老年人受教育程度的高低在老年人社区政治参与和社区维权参与两方面没有通过 0.05 的显著性检验，所以没有影响。

（二）志愿服务培训对老年人社区参与有正向影响

对老年人社区参与积极性的方差分析如表 2-6 所示。

表 2-6 对老年人社区参与积极性的方差分析

社区参与		平方和	自由度	均方	F	显著性
社会表达参与 （媒体参与）	组间	4.739	1	4.739	19.538	0.000
	组内	585.731	2 415	0.243	—	—
	总计	590.470	2 416	—	—	—
社会表达参与 （向政府反映意见）	组间	5.792	1	5.792	23.467	0.000
	组内	561.014	2 273	0.247	—	—
	总计	566.806	2 274	—	—	—
社区政治参与	组间	1.727	1	1.727	7.006	0.008
	组内	350.732	1 423	0.246	—	—
	总计	352.459	1 424	—	—	—
社区建设参与	组间	2.792	1	2.792	11.301	0.001
	组内	534.420	2 163	0.247	—	—
	总计	537.212	2 164	—	—	—
社区维权参与	组间	0.968	1	0.968	3.898	0.048
	组内	591.750	2 384	0.248	—	—
	总计	592.718	2 385	—	—	—

　　志愿服务培训对老年人社区参与具有显著的正向影响。通过方差分析探究参加志愿服务培训对老年人的社区参与度的影响，在社会表达参与、社会政治参与、社区建设参与和社区维权参与这四个方面皆通过了 0.05 的显著性检验。志愿服务的培训能够促进老年人掌握社区参与的技能，培养老年人社区融入感和社区责任感，打开老年人的人际交往的圈子，提升社区参与感。在志愿服务过程中，掌握利用媒体反映社会问题的方法途径，投身于基层志愿服务，关心社区建设；在不断的社区参与中维护集体的权益，以良好的服务精神投身于社区政治参与，专注地利用社区这个平台为人民服务，维护社区和谐稳定环境。老年人社区参与的部分内容也是通过志愿服务的形式体现的，所以志愿服务培训对老年人社区参与的影响力是非常显著的。因此，段世江、王凤湘两位学者认为，志愿者活动是一种生产性的行为，可以很好地满足老人对退休生活的适

应与社会价值的双重需求。①

　　由此我们得出结论，志愿服务培训影响老年人社区参与的技能掌握。志愿服务培训在老年人社会表达参与、社区政治参与、社区建设参与和社区维权参与这四方面都有显著影响。说明对老年人进行志愿服务培训，极大地提高了老年人参与社区活动的能力，激发了他们对社区建设的热情和责任感；能够有效利用老年群体资源，让老年人在社区发展中做出贡献。

（三）社会经济地位与社区层次对老年人社区维权参与有正向影响

　　老年人目前社会经济地位在本地所属层次对老年人社区参与积极性的方差分析如表 2-7 所示。

表 2-7　老年人目前社会经济地位在本地所属层次对老年人社区参与
积极性的方差分析

社区参与		平方和	自由度	均方	F	显著性
社会表达参与（媒体参与）	组间	1.736	5	0.347	1.422	0.213
	组内	588.734	2 411	0.244	—	—
	总计	590.470	2 416	—	—	—
社会表达参与（向政府反映意见）	组间	2.218	5	0.444	1.783	0.113
	组内	564.588	2 269	0.249	—	—
	总计	566.806	2 274	—	—	—
社区政治参与	组间	1.959	5	0.392	1.586	0.161
	组内	350.500	1 419	0.247	—	—
	总计	352.459	1 424	—	—	—
社区建设参与	组间	1.104	5	0.221	0.889	0.487
	组内	536.108	2 159	0.248	—	—
	总计	537.212	2 164	—	—	—
社区维权参与	组间	2.761	5	0.552	2.228	0.049
	组内	589.956	2 380	0.248	—	—
	总计	592.718	2 385	—	—	—

---

　　① 段世江，王凤湘. 中国老年志愿者参与动机的质性分析[J]. 河北大学学报（哲学社会科学版），2010, 35（2）.

老年人目前社会经济地位在本地所属层次对老年人社区维权参与具有正向影响。在表 2-2 样本分布情况中提到，我们所设计的问卷中将老年人目前社会经济地位在本地所属的层次分为上、中上、中、中下、下等几个层次。在所调查的人群中分别占的比例为 1.4%、7.8%、42.2%、24.6%、22.5%。可见绝大部分的老年人的经济地位在本地属于中等和中下等的层次。

为了探讨当地老人的社会经济地位对社区参与度的影响，通过方差分析检验，我们发现只有在社区维权参与方面通过了 0.05 的显著性检验。在社会表达参与、社区政治参与和社区建设参与方面影响性不显著，所以老年人在本地的社会经济地位对这三方面影响较小。老年人的经济社会地位对社区参与度的影响只有在社区维权参与方面通过了 0.05 的显著性检验，所以在本地经济地位越高的老年人在本地的声望和号召力越强，在集体性的维权事件上，更具有组织和领导能力。这也是老年人通过社区维权参与积极融入社区的表现，通过这样的集体性维权活动，拉近与社区成员之间的联系，接触社会的机会多，不脱离社会也不脱离群体，是这部分老年人实现自我的途径。

由此我们得出结论，绝大部分的老年人的经济地位在本地属于中等和中下等的层次。经济因素对老年人社会参与积极性有很大影响，老年人在本地的经济地位对老年人社区维权参与的影响更显著。

五、社会工作介入老年人社区参与的对策措施

根据第七次人口普查数据，我国人口老龄化问题进一步加剧，目前我国的老年人口占比已经快要接近深度老龄化社会的标准。社区治理需要直面老龄化的挑战，加快实施积极应对人口老龄化的国家战略。为响应"积极老龄化"，我们利用中国社科院社会学研究所 2019 年"中国社会状况综合调查"的数据，采用方差分析的方法，发现受教育程度、经济地位、志愿服务培训等因素影响老年人社区参与。调动老年人社区参与的积极性，需要从上而下发动力量，营造老年人社区参与的积极环境，推动老年人积极加入社区参与的行列中来。新时代养老服务的主要矛盾表现在老年人对美好生活的需求不断提高但服务水平不均衡、服务水平不高等。这一矛盾对我国老年社会工作专业化发展提出了新的

要求。而这也是老年社会工作发展的一大机遇。社会工作者要从一个更加全面、系统的角度来看待、整合社会资源、专业知识和价值理念，以社会支持网络的构建和社会功能的发挥为重点，积极推动老年人的社区参与。老年人的社会参与是他们生命价值的体现，老年人是进行社区建设、构建和谐社会的重要人力资源。因此，应有效地利用好老年人资源，使社会与老年人之间的良性互动推动社会的和谐与稳定。

（一）以政府为主导，推动老年人社区参与

在当前社会背景下，要在政府的支持下，关注老年人个人发展，提升老年人自身的发展潜能。发展老年教育要以国家政策为导向，政府支持为动力，社区管理为依托。现代化理论认为现代化会使老年人缺乏再培训的机会，社会资源偏向年轻人，使老年人的社会地位日益降低。为了使老年人更好地参与到社区中，就要提升老年人资本，增强老年人参与的能力、资源、机会。社区社会工作者要实施个性化的方案，根据老年人的兴趣爱好在社区中组织开展老年教育，提高老年人知识技能，倡导发展终身教育理念，在互联网创新时代，让老年人紧跟时代发展的浪潮，不被社会发展所淘汰。

（二）以社区为支持，提供老年人社区参与环境，提高社区老年人参与积极性

社会工作者要从一个更加全面、系统的角度来看待、整合社会资源、专业知识和价值理念，以社会支持网络的构建和社会功能的发挥为重点，积极推荐老年人社区参与。以社区为支持，提供老年人社区参与环境，调动社区老年人参与积极性。在社区管理中，要注重维护老年人的利益，组织起老年志愿服务队伍，进行志愿服务培训，培养老年人志愿服务"领头羊"，让老人们能更好地发挥他们的力量，提高他们在社区中的参与自信心，提升老年人志愿服务和社区参与的技能，让他们积极投身于社区参与活动。因此，让老年人有机会重新学习非常重要，社会工作者要在社区服务中落实老年再教育服务。充分利用社区内的老年人力资源，邀请社区里退休的、文化水平较高的老年人开展老年课

堂，传授志愿服务精神和方法技巧，社区可以提供活动场所，推动老年人与社区融合，在社区内广泛动员老年人积极参与。

（三）关注老龄群体家庭建设，为老龄群体社区参与打下良好基础

家庭是老年人的坚实后盾，社会工作者应关注老年人家庭状况及家庭健康，建立健全养老体系和老年人福利政策，为老年人生活减轻经济负担，给老年人社区参与留出较大的精力和时间；重视家庭对老年人的关爱，积极引导老年人身体健康和心理健康发展，为老人集中精力投入社区参与奠定良好基础。

（四）打造社区平台，帮助老年群体适应角色转变，找到自我新定位

社区社会工作者要积极为老年人打造社区参与的平台，帮助老年人尽快地适应角色转变，找准新定位。角色理论认为，老年人的成功人生主要依赖于角色的改变以及角色的丢失。通过社区志愿服务活动，调动社区中的老人主动参与到志愿服务工作中来，互相学习、交流，增强对新角色的适应能力。通过社区长者服务热线活动，逐步为社区老人建立一个新的互助网络，使其与受助者从相识到相知，再到相互扶持，丰富社区的养老资源，同时，热线的开通也能够使社区工作人员和社区居民之间的互动关系得到很好的促进，也可以从一个侧面促进社区的日常管理。以政府为主体，以社区为平台，以社会团体为载体，以专业社会工作者为依托，以老年人的需要为导向，使老年人在涉及个人利益的决策过程中发挥主体作用，能够使老年人尽快地适应角色的转变，并在新的角色体验中发现自己的价值所在。

（五）了解老年人社区参与的动机，提供个性化服务

人的行为举动都有一定的初始动机和原因，社会工作者要及时了解老年人社区参与的动机，为老年人提供及时有效的个性化服务。影响老人群体参与的因素并不只是外在因素，社会工作者也要适时考虑到老年人的心理动机因素。结果显示，老年志愿者的角色转换、自我价值的实现、人际关系网的维护、社会责任的实现等是其积极参与社区工作的动力。所以在推进老年人社区参与工

作的同时，要了解老年人社区参与的真正需求所在，学会"因材施教"，建立老年人社区参与激励机制。

（六）加强社区联系，为老年人社区参与营造良好环境

社会工作者要积极主动加强与社区居委会的联系，推进老年人社区参与。社区居委会是社会工作者与老年人沟通的桥梁，社会工作者应当与居委会建立和谐的合作关系。作为一名助力老年人社区参与的社会工作者，首先要获得老年人的信任，建立专业关系。对老年人群体而言，社区居委会具有重要地位，社会工作者要和社区居委会建立良性的合作关系，继而在开展活动时，获得社区居委会的支持，为老年人社区参与营造良好的环境。

（七）弘扬社会平等公正之气，促进老年人社区参与

为老年人社区参与扫清社会舆论障碍，能够推动老年人社区参与。社会工作者仍然要积极宣传平等公正地对待老年人，提倡尊重老人、尊重老人的社会风气，保障老人的健康生活。促进社会年龄平等和老年社会参与，尤其要保障老年人获得平等工作机会和提升生活质量的合法权益，构建老年友好型社会。

第五节

社会工作介入老年健康服务的实务探索

一、解开信念枷锁，用爱驱散阴霾——运用理性情绪疗法对患癌老人的个案介入

（一）案例背景

1. 个案基本资料

服务对象：老黄

性别：男

年龄：71 岁

籍贯：山东临沂

文化程度：小学

接案来源：家人引介

2. 个案背景资料

1）接案起因

2020 年 4 月 5 日下午 4 点左右，一位中年男子急匆匆地来到社会工作服务中心，在询问了基本情况后，我们了解到，服务对象即这位中年男子的父亲在今天中午想要过量服用安眠药自杀，但被刚好赶回来的儿子看到，并及时制止。服务对象的儿子认识到了问题的严重性，来寻求社会工作者的帮助。

2）背景资料

在与服务对象的儿子黄先生交谈后，社会工作者了解到服务对象的妻子在7 年前去世，服务对象在患病前在一家工厂做保安，一年前查出了肺癌早期后就被辞退了。服务对象的儿子黄先生与妻子经营着一个小吃摊，这个小吃摊的收入基本上就是全家的收入来源，由于服务对象患病，治疗花费了大量积蓄，且由于这期间经济不景气，加上要照顾老人，黄先生的小吃摊也没能继续下去，全家唯一的收入来源也被切断。社会工作者了解到，黄先生失业后，家庭成员关系紧张，家庭内部充斥着争吵与抱怨，每个人都疲惫不堪，服务对象觉得自己得了癌症并且帮不上这个家一点忙，家里为自己治病浪费了钱，认为自己是这个家的累赘，紧张的家庭关系也是自己造成的，并且认为自己离世后家庭的负担就会减轻，所以产生了轻生的想法。

3）人际关系

（1）家人方面：首先，在服务对象患病之前，虽然整个家庭的收入不高，但家庭的氛围是其乐融融的。在服务对象查出癌症之后，家庭关系就变得紧张起来，黄先生深感压力巨大，与妻子的争吵也变得多了起来，在黄先生失业后，这种紧张的气氛到达了极点，而这种紧张的氛围让服务对象感到非常不适。其次，服务对象还有一个孙女小林在外地上大学，服务对象非常疼爱他的孙女，并且孙女也非常孝顺，只不过小林的大学离家很远，一年只有寒暑假才能回家，服务对象非常想念她。最后，服务对象还非常挂念他嫁到外地的妹妹，自己的妹妹年龄也不小了，也十几个月没有见过面了，服务对象的心情一直提不起来。

（2）朋友方面：由于服务对象跟随儿子搬到城市已经多年，服务对象在老家的朋友也基本断了联系，在当前生活的城市也有几个知心的朋友，但是已经数月没有联系。

（3）情绪状况：服务对象患病后，情绪一直很低迷，且服务对象认为自己是家庭的累赘，不想对家庭成员诉说，以免给他们带来负面情绪。

（4）健康状况：服务对象被诊断为肺癌早期，经常出现咳嗽、咯血、胸痛等症状。

（5）经济状况：服务对象患病前，曾在一家工厂当保安，但患病后，工厂也不敢聘用服务对象，所以服务对象目前没有经济来源。

（二）分析预估

1. 问题分析

1）个人层面

首先，服务对象查出癌症后，健康状况直线下滑，再加上家庭的经济困难，服务对象基本的用药也得不到保障，社会工作者应该链接外部资源，为服务对象的治疗提供基本的支持。其次，服务对象认为自己的癌症拖累了家庭，心情郁闷，情绪低落，产生了自杀的行为，社会工作者应该对服务对象进行心理辅导，理解并更正服务对象的想法，缓解服务对象紧张矛盾的情绪，使服务对象积极地配合治疗，提高其生活的信心。

2）家庭层面

在服务对象患病之前，服务对象对家庭状况的满意度是较高的，虽然并不是特别富裕，但家庭和睦，儿子、儿媳妇和孙女都比较孝顺。服务对象患病后，服务对象的儿子深感压力巨大，情绪烦躁，时常与妻子争吵，这些服务对象都看在眼里，非常自责。由于经济不景气和照顾父亲等原因，黄先生的小吃摊无法再经营下去，家庭日常生活的维持变得非常困难，面临着失业的压力，再加上父亲的癌症，黄先生感觉到非常崩溃，在这一段时间内黄先生开始酗酒，整天浑浑噩噩，家庭内部争吵不断，这一切使服务对象极度不适，把造成这一切的原因都归于自己，情绪低落到极点，产生了轻生的行为。

3）社会层面

首先，服务对象非正式的社会支持网络并不完善，老年人在网络社交方面的难度较大，服务对象无法与朋友取得联系，与朋友的感情维系非常困难，不利于情绪的疏导。其次，服务对象正式的社会支持网络也较为欠缺，社会工作者应发挥自身优势，链接服务对象所需的医疗资源与心理辅导机构，帮助服务对象解决困难，缓和情绪。

2. 理论方法

1）危机介入模式

社会工作者对服务对象的问题进行初步分析，发现服务对象所面临的危机属于境遇性危机，即服务对象的问题是由外部事件所引起的心理危机，服务对象的癌症对其来说是罕见或者超常的事件，在案例中，服务对象生病后又正巧赶上儿子失业，家庭矛盾重重，服务对象出现了严重的心理危机。服务对象所面临的这种危机发生突然，危机的影响面、影响程度、影响时间的规模对于服务对象来说是前所未有的，需要社会工作者缓解危机，及时采取干预行动。

2）理性情绪疗法（ABC 理论）

理性情绪疗法认为引起人们痛苦的原因是人们对于事件的不合理认知而非事件本身，事情本身不会引起人们的情绪，但是当人们对其注入自己的想法以及行为偏好时，就可能会产生一些困扰和问题。如果某个人有正确的、恰当的、合理的信念，他就有可能愉快地生活，否则，错误的思想、与现实不符的看法以及对事物的非理性信念就容易使人产生情绪上的困扰，进而发展至严重的心理问题及生理问题。因此只有通过理性分析和逻辑辩论，消除造成求助者情绪困扰的不合理信念，并建立合理的、正确的理性信念，才能帮助求助者解决自身的情绪、心理问题，以合理的信念、正确的价值判断来创造生活，并以此来维护心理健康，促进人格的全面发展。

服务对象理性自我分析报告如表 2-8 所示。

表 2-8　服务对象理性自我分析报告

项目	内容
A（事件）	服务对象患癌症与儿子失业导致家庭经济来源中断
B（信念）	服务对象认为是自己患病拖垮了家庭，是导致家庭矛盾的最主要原因
C（情结）	服务对象情绪糟糕至极，产生自杀行为
D（驳斥）	你觉得是你的肺癌拖累了整个家庭，但事实真是这个样子吗？即使他们都在议论你、讨厌你，那又能如何呢？你仔细想一下，真的是你的病拖垮了整个家庭吗？你现在的感觉怎么样？
E（新观念）	①家庭变得如此糟糕也并不全是我的原因 ②我觉得我并不是一点用处也没有，我还可以做很多事情

（三）服务计划

1. 服务目标

总目标：综合运用危机介入模式和理性情绪疗法，改变服务对象非理性信念，增强其生活的信心。

具体目标：

（1）与服务对象建立积极的、良好的专业关系，缓解服务对象自身的自责感和焦虑感。

（2）采用危机介入模式，调动能够提供帮助的个人或机构，首先保证服务对象的安全。

（3）运用理性情绪疗法，对其情绪进行疏导，开展心理咨询，帮助服务对象培养正确、积极的生活价值观。

（4）与服务对象的儿子与儿媳交谈，希望他们减少生活中的争吵，共同维护良好的家庭氛围。

（5）完善服务对象的社会支持网络，构建社会支持体系，整合、链接社会资源。

2. 服务策略

（1）运用澄清等一系列的会谈技巧，改变服务对象的非理性信念，对服务对象开展初步的心理慰藉，舒缓服务对象的情绪。

（2）联系服务对象的儿子、儿媳对服务对象进行看护，防止自杀行为再次发生。

（3）与服务对象的家庭达成共识，保证一家人一周至少进行一次不少于30分钟的谈话。

（4）联系服务对象的孙女和老朋友，保证每周至少进行一次线上聊天。

（四）服务计划实施过程

服务计划实施过程如图 2-1 所示。

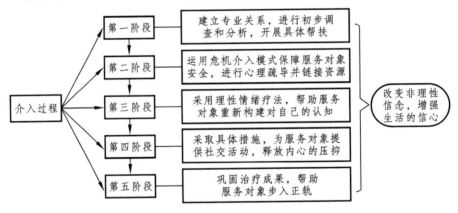

图 2-1　服务计划实施过程图

1. 第一阶段

1）介入重点

了解服务对象当前的个人、家庭和社会情况以及服务对象当前的心理和生理上的各种问题，并进行初步的调查预估，并与服务对象建立良好的专业关系，针对不同的问题对服务对象展开帮扶。

2）介入过程

社会工作者来到服务对象家中了解情况，服务对象的儿子和儿媳也在家中。社会工作者与服务对象进行第一次面谈，首先向服务对象介绍自己，并且承诺在服务过程中会遵守接纳的原则、理解关怀原则和保密性原则，以获得服务对象的信任，建立良好的专业关系。运用接纳、尊重的原则与服务对象主动沟通，运用会谈的支持性技巧，认真倾听，表达专注，建立深层次的关系，慢慢了解服务对象个人和家庭信息，逐步挖掘服务对象需求。社会工作者向服务对象了解了他现在的身体状况，由于肺癌的原因，服务对象经常咳嗽、胸痛，严重时还会出现咯血的症状。服务对象存在一定程度的消极情绪和厌世情绪，甚至出现过自杀的自毁行为。通过社工的引导，服务对象说出了自己心结与顾虑，服务对象哽咽地表示希望能够改变家庭的现状，不想拖累家人成为儿子和儿媳的累赘，身体上的病痛也深深地折磨着服务对象的精神和肉体。随后，社会工作者从服务对象的儿子和儿媳那里进一步了解了服务对象的家庭状况，如今家庭缺乏经济来源，加上服务对象沉重的医药费支出，家庭已经不堪重负。

经过社会工作者的进一步介绍，服务对象初步了解社会工作以及帮扶工作。社工介绍了服务过程中的各项原则，保证不会透露服务对象的隐私，会充分接纳、理解服务对象，并且社工表示会尽力帮助服务对象及其家庭改变现状，提供帮助。在双方的沟通与交涉下，社会工作者与服务对象签订了协议，成功建立了专业关系，并且初步设定了提供医疗帮助、改变家庭经济现状以及改善服务对象心态的目标。

2. 第二阶段

1）介入重点

社会工作者采用危机介入模式分析并解决服务对象的问题，对服务对象进行心理疏导的同时也要从根源上打开服务对象的心结，需要通过资源链接的方式解决服务对象目前的用药问题和家庭问题，为服务对象争取医疗救助和经济补贴并为服务对象的儿子寻求工作机会。

2）介入过程

在本阶段，社会工作者在保证服务对象处于绝对安全的前提下，首先把服务对象作为问题的出发点，理解并确定求助者面临的问题。社会工作者为服务对象搭建交流沟通的平台，使得服务对象相信的确有人在关心和支持他，社会工作者与服务对象的儿子、儿媳沟通，让他们也参加危机干预，并建议服务对象的儿子或儿媳对服务对象进行一个阶段的照顾，建立初步的家庭照料支持系统。在这个过程中，社会工作者注重鼓励服务对象，使其建立自信，减少服务对象的对治疗过程的依赖心理，让服务对象认识到自己的问题有很多方式可以解决，并且通过自己的努力问题可以得到解决。

此外，在社会工作者的帮助下，相关机构为服务对象提供优惠用药补贴，很大程度上缓解了服务对象及其家庭的经济压力，并为服务对象及其家庭普及了一些肺癌的治疗注意事项。在第二次会谈中社会工作者整理了服务对象的家庭资料，针对初步分析出的问题为服务对象申请了经济上的补助，且目前进行得比较顺利。社会工作者还提出将想办法为服务对象的儿子找到一个合适的工作岗位，增加家庭收入的来源，从多方面缓解家庭的经济压力。

3. 第三阶段

1）介入重点

本阶段，社会工作者将采用理性情绪疗法改变服务对象固有的认知和非理性信念，帮助服务对象重新构建对自己的认知，疏导其糟糕的情绪。如图 2-2 所示。

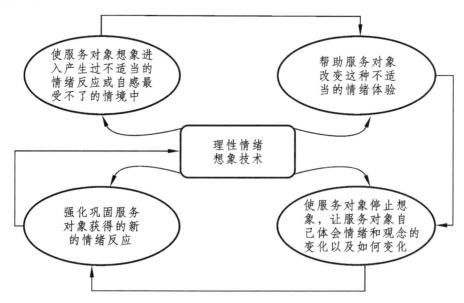

图 2-2　合理情绪想象技术的应用

2）介入过程

在上一阶段中，社会工作者已经帮助服务对象初步建立了比较完善的家庭照料支持系统，在保证服务对象的安全与疏导情绪方面产生了积极的作用。在本阶段，首先，在心理诊断阶段，社会工作者运用 ABC 理论聚焦服务对象所面临的困境，探讨困境引发的情绪和行为。社会工作者了解到，A 为服务对象患癌症与儿子失业导致家庭经济来源中断。B 代表服务对象认为是自己患病拖垮了家庭，是导致家庭矛盾的最主要原因，在客观上来看这是一种非理性信念。C 为服务对象情绪糟糕至极，产生自杀行为。所以，服务对象个人患病和儿子失业是导致服务对象情绪低落与产生自杀行为的主要原因。其次，在领悟阶段，社会工作者首先帮助服务对象理解理性情绪疗法的基本原理，目的是使服务对象意识到，引起自己不理性情绪的原因并不是外界发生的事件，而是自己本身对事件的消极态度，社会工作者要帮助服务对象改变原有不正确的认知，进而改善其情绪。再次，在修通阶段，社会工作者和服务对象通过理性情绪想象技术改变了服务对象的不理性信念。最后，在再教育阶段，社会工作者巩固了服务对象治疗所取得的成果，帮助服务对象摆脱了原有的不理性信念与固执的思维方式，强化了新的观念，以便服务对象在结束治疗后能更好地适应生活。

4. 第四阶段

1）介入重点

社会工作者为服务对象提供一定的社交活动，缓解服务对象内心的孤独，与服务对象的家人进行一定的沟通，改善服务对象的家庭氛围。并且要进一步跟进给服务对象家庭的经济补助和服务对象儿子的工作问题。

2）介入过程

社会工作者与服务对象的儿子和儿媳进行了一次单独会谈，在会谈中，社会工作者运用支持性技巧引导服务对象的儿子及其儿媳表露内心，并且就酗酒问题对服务对象的儿子进行了劝导和建议，服务对象的儿子也辩证地看待了自己的行为，表示以后会改善自己的情绪和行为。会谈后，社会工作者带服务对象的儿子去了附近的中学食堂进行了简单的岗位培训，由于以前的工作经验，服务对象的儿子在食堂工作得有条不紊。经过社工的联系，服务对象的儿媳去了附近的家政公司做钟点工，钟点工工作时间较为自由，在没有工作的时候，服务对象的儿媳就留在家里照顾服务对象。

在此次会谈中，服务对象表露出对外地上学的孙女以及远嫁他乡的妹妹的思念。社会工作者与服务对象进一步沟通，采用支持性技巧鼓励服务对象进一步表达自己，通过社会工作者的澄清，服务对象表达出自我价值的否定。社会工作者帮助服务对象从根本上认识到家人对他的照顾和良苦用心，并进一步肯定了服务对象的自我价值，一定程度上改善了服务对象的精神状况。通过之前的介入，服务对象已经建立了较为积极的精神状态，但是内心的孤独无法排解，现在服务对象生活尚能自理，社会工作者带领服务对象参加了社区的老年夕阳红小组，与许多老人一起组织活动，很大程度上减轻了服务对象内心的孤独感和疏离感，淡化了服务对象的消极情绪。在小组中，服务对象一开始表现得较为腼腆，在社会工作者的引导下，服务对象逐渐敞开心扉，和社区中的老人们交了朋友，经常一起参加下象棋、看戏曲等活动。服务对象的精神状态逐步改善。

5. 第五阶段

1）介入重点

本阶段社会工作者进一步巩固前几个阶段治疗的成果，改善服务对象的状态，让服务对象及其家庭的生活步入正轨，顺利结案。

2）介入过程

经过前面的帮扶，服务对象的情绪、心态和行为等都已经产生了显著的改善，服务对象的家庭环境也逐步改善。服务对象的儿子在中学食堂的工作已经十分稳定，服务对象儿媳的家政工作也获得了雇主们的一致好评，政府补贴的费用也顺利下发给了服务对象。

通过社会工作者的帮助，服务对象及其儿子儿媳与在外上学的孙女进行了视频通话，孙女在视频中告诉服务对象自己刚拿到了学校的奖学金，服务对象听了十分高兴，脸上露出了久违的笑容，一家人其乐融融地谈起了家里的趣事。

经过这段时间的帮助，服务对象自身以及他的家庭都逐渐步入了正轨，服务对象的病情也得到了控制，服务对象也树立起了乐观的心态，一切都在有条不紊地进行着，服务对象也提出了结束专业关系，在社会工作者进行了专业的评估之后双方进行了最后的会谈，与服务对象顺利结案。

6. 跟进回访

结案一个月后，社工对服务对象进行了回访，与服务对象一起回顾已经有的改变，开始时服务对象一家没有经济来源，如今服务对象的儿子找到了工作，社工为服务对象也申请到了补贴，家庭有了稳定的经济收入。服务对象儿子不再酗酒，对服务对象有了更多的支持与关注。服务对象一家又拥有了其乐融融的家庭氛围。服务对象再也没有结束生命的想法，也接纳、释怀了不愉快的经历，如今积极配合治疗。服务对象社交圈子打开了，与周围人相处融洽，成为社区老年夕阳红的一员。因为服务对象的积极抗癌，所在的老年夕阳团请他作为代表上台讲话，增强了服务对象对未来生活的信心。服务对象说自己以后还要积极抗癌，用自己的真实经历给跟自己有相同经历的人带来信心，实现自己的人生价值。

（五）总结评估

社会工作者对整个服务的成效加以检视，对服务对象的问题完成情况进行评估，为服务对象提供一个再学习的机会。

1. 基线测量

服务对象与家庭成员沟通情况的基线测量如图 2-3 所示。

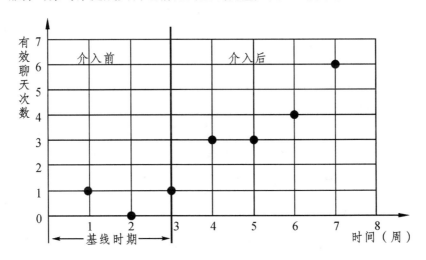

图 2-3 服务对象与家庭成员沟通情况的基线测量

根据基线测量，社会工作者可以很明显地看到服务对象及其家庭的改变，从图中可以看出，服务对象与家庭成员的沟通次数明显增多，在现实情况中，服务对象的家庭氛围又变得和睦起来，家庭成员之间的关系也更加密切，服务对象的情绪得到了很好的疏导。

2. 服务对象满意度评估

服务对象满意度调查如表 2-9 所示。

表 2-9　服务对象满意度调查

评价类型	调查指标	非常满意	满意	一般	不满意	非常不满意
服务对象自我评价	个人参与度		√			
	需求满足	√				
	家庭氛围	√				
	自我认知	√				
	整体评价		√			
服务对象对社会工作者的评价	服务能力	√				
	服务态度	√				
	服务效果		√			
	整体评价	√				

通过该满意度调查表可知，服务对象的自我评价与服务对象对社会工作者的评价都是积极正向的，服务对象的家庭氛围、自我认知等方面都有了较大的改观,且服务对象对社会工作者的态度能力等方面也有较大的肯定,总体来说，服务对象对本次的服务持满意的态度。

（六）专业反思

社会工作者通过两个半月的服务，完成服务目标，帮助服务对象消除非理性信念，提升工作者的专业知识与技能，但是也有许多值得反思的地方，总结如下。

（1）社会工作者在对服务对象开展服务时，理论选择要全面、准确，直击要害和面面兼具并重，为后续工作提供指导。理论选择上使用了危机介入模式以及理性情绪疗法，在生理和心理两方面帮助服务对象重建认知，应对外界压力。在后续工作过程中，也运用到社会支持网络理论，链接社会资源，缓解服务对象的经济状况，重新赋能家庭，缓和家庭氛围，积极帮助服务对象重建生活的信心。在对服务对象问题有了基本的了解之后，诊断时，注意服务对象次级问题的存在，全面地关注服务对象的需求。

（2）对服务对象要关注、理解、关怀、接纳。服务对象面对自己患病，失去工作；自己成日待在家里，社会交往减少；儿子和儿媳失业在家，家庭收入锐减；对自己的价值、地位产生怀疑，面对凝重的家庭氛围，心生焦躁烦闷，不安愧疚，产生了自杀的想法。社会工作者在对服务对象进行服务时，要时刻铭记社会工作专业价值观，尊重，理解，共感，接纳。帮助服务对象合理宣泄心理压力，获得服务对象的信任，建立良好的服务关系，保障社会工作过程专业高效地进行下去。在使用理性情绪疗法过程中，社会工作者要与自身的信念进行辩论，减少自身非理性成分对案主的影响。

二、携手共进同欢喜，满面春风映夕阳——轻度认知障碍老人小组工作服务

（一）案例背景

当下社会，人口老龄化问题凸显，医学模式也由传统的生物医学模式转变为生物—心理—社会医学模式，老龄化带来的医疗问题日趋复杂化，这就给了老年医务社会工作的介入提供了更广阔的空间。为了给老人提供更加优质的康养体验，"阳光"养老院于 2021 年与某社工服务机构签订服务协议，聘请医务社会工作者为老人提供专业康养服务。2021 年 8 月，社工经评估，选择六位评估为轻度认知障碍的老年人进行干预，六位老人基本情况类似且生活能基本自理。为促进其实现自我的良好认知，解决心理方面问题，实现社会功能的恢复，社会工作者将六位老人组成小组并开展小组活动。

（二）分析预估

小组开始前一周，社会工作者向养老院护工了解老人基本情况并对六位老人就认知障碍问题进行访谈，了解老人的基本情况，如表 2-10 所示。

表 2-10　服务对象的基本情况

服务对象	年龄/岁	性别	学历	身体状况	性格特点
王奶奶	60	女	初中	腿脚不太利索	安静，心灵手巧
杨奶奶	59	女	小学	腿脚灵便，身体健康	乐观开朗
黄奶奶	64	女	初中	患有糖尿病	干练，喜好收纳
齐奶奶	62	女	小学	反应有些迟缓	善良，内向
张爷爷	64	男	小学	患有高血压	淡泊，性子慢
周爷爷	58	男	初中	腿脚不便	对新鲜事物充满好奇

服务对象存在以下需求。

1. 得到情感支持与陪伴护理的需求

原有工作的结束以及子女工作的繁忙导致老人与外界沟通减少。老人在家中大都和子女沟通不畅，来到养老院后对院内生活有不适应的情况。老人因认知受损导致日常生活障碍，自理能力下降，普遍表现为渴望得到他人的陪伴与生活方面的照料。因此陪伴老人，为其提供专业护理与情感支持是必要的。

2. 提升自信心与得到尊重的需求

在传统的医学护理模式下，医护人员对老人的认知障碍存在偏见，缺乏人文关怀。但其实患有认知障碍的老人是最先意识到自己意识的衰退并感到不安的。即使患上了认知障碍症仍有读懂对方表情以及态度的能力，因记忆能力衰退所导致日常生活能力下降而引起的悲伤内心始终会记得。因此，我们要引导老人开发自身潜力，培养自信，相信自己有能力过好自己的生活，提升对自我生活的"掌控感"，正确认识自我，满足老人渴望平稳而又有尊严生活的愿望。

3. 形成新的"社交圈"与参加群体活动的需求

访谈老人普遍表达了对原先生活环境的想念，渴望与原先的老朋友进行交流，六位老人仅有一位表示自己在院内找到了好朋友，其余五位表示自己在养老院"没朋友"。主要原因一是因为老人本身记忆功能的退化导致日常交际障碍，日常沟通障碍又导致记忆功能退化，形成恶性循环。二是在陌生环境下丧失与人交往与进行社会生活的勇气。因此，鼓励老年人之间交流互动，形成新的"社交圈"，进行群体性社会活动是延缓老人记忆力丧失，保持辨识能力的重要环节。

（三）理论依据

1. 马斯洛的需求层次理论

在经过预估了解到小组成员的需求后，社会工作者可以得知小组成员不仅需要日常生活的护理，更需要情感上的支持，需要他人的陪伴和理解，患有认知障碍的老人在表现出记忆力的下降和沟通上的障碍时会更加需要与朋友进行交流沟通，满足社交的需要，社会工作者可以在小组中促进小组成员的交往。同时，在与其交往的过程中要关注老人的个性化需求，尊重患有认知障碍的老人，促进其开发自身的潜力，满足老人多层次需求。

2. 镜中我理论

小组是社会的缩影，组员之间亲密接触，建立伙伴关系，形成首属小组，反过来会增进各组员的人际关系能力和社会适应能力。社会工作者可以在小组中引导组员，感知他人对自己的反映和评价，增进成员的人际交往能力，促进社会适应能力，减少因为患有认知障碍而导致的不安情绪。

3. 优势视角理论

在优势视角取向下，社会工作者运用专业手段，改变小组成员对自己和环境的认识，增强自信心，在感受自己认知能力现状的同时认识到自身所具有的优势，引导小组成员利用各类资源来帮助自己在患有认知障碍的状态下建立对生活的信心，适应外部环境，恢复社会功能。

（四）服务目标

1. 总目标

社会工作者开展现实辨认小组与支持小组相结合的活动，为服务对象创设人际交往的环境，挖掘自身潜力并提高自信，改善现有的身体状况，客观看待自身认知方面的变化，并通过活动从整体上提升认知水平，从能力提升、人际关系、社会支持三个维度发力，帮助服务对象重拾尊严和快乐。

2. 分目标

（1）小组结束时 80%的服务对象的蒙特利尔认知评估量表结果明显变好，综合提升其认知水平，从而延缓他们认知能力的退化；

（2）小组过程中 80%以上的服务对象了解到自身的潜力，增强其自尊和自信；

（3）小组结束时 80%以上的服务对象能建立良好的人际关系，感受来自他人的友爱，增强社会适应力；

（4）小组结束时 80%以上的服务对象能拓宽社会支持网络，提升家庭支持能力。

3. 小组程序安排

（1）小组名称："幸福晚年"小组。

（2）服务对象："阳光"养老院 6 名轻度认知障碍低龄老人。

（3）小组性质：封闭式互动支持小组。

（4）小组活动时间与频次：

2021 年 8 月—10 月，每周三 9：30—11：00，共计 8 节。

（5）小组工作流程如图 2-4 所示。

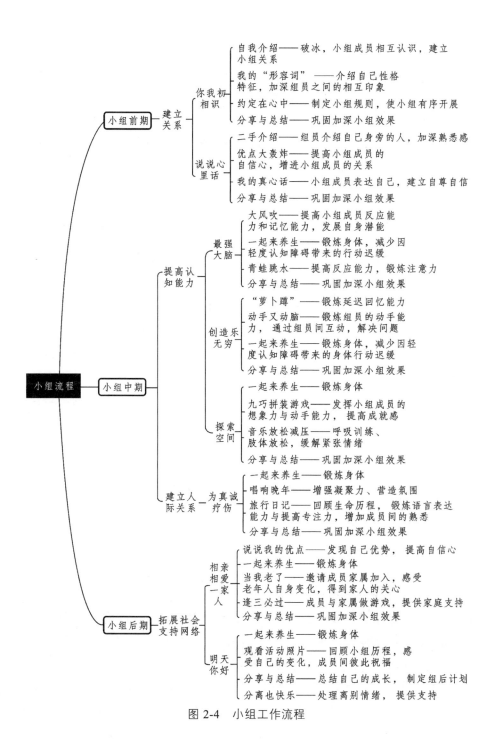

图 2-4　小组工作流程

如图所示，小组的工作流程由建立关系、认知能力提升、发展人际关系、拓宽社会支持网络四个帮助小组成员改善现状的阶段组成。在每个阶段各设置相应主题的小组活动（活动可根据实际情况做适当调整）：先与小组成员建立专业关系并增加小组成员之间的互动与联系，之后改善认知水平，延缓甚至改善症状，再从情感层面提供支持，加深成员之间的了解与互动，改善人际关系，最后搭建成员与家人之间的桥梁，完善社会支持网络，从而实现服务对象的小组目标。

（五）实施过程

1. 前期准备

本案例中的老年医务社会工作者与服务对象所在养老机构建立有协议的工作关系，缩短前期准备工作和招募人员的时间。在前期准备中，老年社会工作者主要进行了两方面的工作，一方面是了解服务对象，社会工作者通过发放能力评估问卷和对老人进行访谈，对其情况进行预估和需求评估，重点关心老人在认知改善和心理方面的需求，初步了解了老人的期望。另一方面是制定符合服务对象实际情况的服务计划书，内容在符合小组各阶段发展特征的基础上，尽量考虑到小组气氛、活动的吸引性和互动性。经过半个月的时间，案例的前期准备工作基本完成。

2. 小组前期

在小组前期，社会工作者的主要任务是建立起与服务对象初步的专业工作关系以及组员之间的相互联系，并且引导服务对象适应小组工作模式，引导服务对象形成对自己的初步认识。

在小组第一节活动中，社会工作者组织开展"你我初相识"破冰活动，协助小组组员彼此认识以消除陌生感，小组成员之间彼此有了更多了解。同时，社会工作者与小组成员进行了初级互动，增强了熟悉感。小组通过"自我介绍""我的形容词""约定在心中"三个环节的活动，对自己及小组成员的外形、性格、特长、家庭、人际关系有了进一步了解。在该阶段中，小组成员尚未完全彼此熟悉和信任，成员情绪有较大起伏，出现封闭、焦虑甚至不友好的态度，组员对小组缺乏信任。社会工作者针对这些问题，通过以上活动，协助组员进行自我澄清，认识个人需求。针对小组成员的抗拒和依赖，工作者通过一系列互动，打破局面，促成组员间的沟通，小组联系基本形成。之后工作者带领组员进一步探寻小组目标和规范，制定小组规则，引导服务对象适应小组行为，使小组活动有序开展，并与服务对象约定了固定的小组活动时间。最后，社会工作者对服务对象进行了社会支持评定前测，了解小组介入前服务对象的社会支持情况。

在小组第二节活动中，小组成员通过"二手介绍"，介绍自己身边人，进一步增强熟悉感，加深彼此了解，小组成员关系更紧密；"优点大轰炸"能了解到自己看不见的自身优势，增强小组成员的自信心，成员之间增加信任；"我的真心话"鼓励小组成员勇于表达自己的内心诉求，同时促使成员学会倾听，利于关系加深和成员自尊自信的增强。这几个环节中均有组员自我展示的环节，但是展示得不够多，以后还需要提供更多的自我展示机会，在自尊和尊重他人方面也还需要做更多的引导。

在小组初期的过程中，社会工作者与小组成员进行了相互熟识的互动，由于工作员已多次参与过成员互动活动，与小组成员间有一定的熟识程度，给工作的开展带来了很大的便利，小组成员也在与工作者的专业信任关系建立过程中，从被动引导到主动参与，逐渐融入小组中，使得小组各环节能够顺利进行。

小组初期社会工作者的主要任务是帮助服务对象之间建立信任关系，引导服务对象对小组产生认同感，在服务对象不知道怎么表达需求时，社会工作者应该及时使用具体化方法进行引导，适时使用封闭式提问技巧引导服务对象表达自己内心的想法。在这一阶段，服务对象对自己的认识虽有所增加，但是对自我的评价往往较低，而对别人的评价普遍较高。

3. 小组中期

小组中期分为两个阶段，分别是认知能力的提升和人际关系的建立。社会工作者通过相关游戏的治疗锻炼老人的反应能力和动手能力，延缓记忆力的衰退，减轻因轻度认知障碍所带来的身体行动迟缓等生理方面的症状，如"一起来养生"，采用健身操等方式使老人进行适量运动，强身健体，使身体机能得到恢复。同时社会工作者在帮助老人缓解生理方面不适的同时，兼顾老人因轻度认知障碍带来的心理压力，帮助老人缓解紧张情绪,引导其客观对待认知障碍，在内心对外界形成正确的认知，综合提升老人的认知能力，促使其能够乐观对待生活中发生的问题，并且在小组互动中可以建立良好的人际关系，从与他人的互动中获得满足感。

在认知能力的提升阶段，社会工作者通过"青蛙跳水"等脑力游戏训练，锻炼老人语言表达能力，提高专注力，帮助老人延缓记忆力的衰退；并通过适当体力活动的开展，锻炼身体，放松身心，提高老人的反应能力与动手能力，减轻因轻度认知障碍所带来的行动迟缓，缓解老人的紧张情绪。对在游戏中受挫的老人，社工单独进行心理疏导，使其正确对待认知障碍所带来的生理及心理方面的变化，积极调整内心的不安情绪。社会工作者通过有趣的游戏使老人能够对认知障碍形成正确的认知，综合提升自己的认知能力，并且帮助组员发掘自身的优势，通过优势视角让组员发掘自身的潜力，找到自己的优势，增强自信，深刻理解年龄的增长所带来的双重影响，使组员们对自身有正向积极的认识。

在人际关系建立阶段，社会工作者组织开展小组活动，小组活动开始前进行"唱响晚年，分享感受"的活动，让老人合唱自己年轻时期耳熟能详的歌曲，拉近老人间的距离，增强组员间的互动，老人们在小组互动中与他人进行交流；对于互动中产生的小组冲突，社会工作者引导组员积极进行交流沟通，找出问题所在，帮助组员解决问题，缓和关系，小组成员也可以在小组互动与冲突中增加成员彼此的熟悉感，让大家看到各自的特长与优势，进一步发掘自身的潜能，并从群体中获得满足感、成就感，促进良好人际关系的建立，完善人际关系网络。

在中期活动中，社会工作者帮助组员减轻因轻度认知障碍带来的生理方面的症状，提升自身的认知能力；同时增进组员间互动，疏导组员的心理紧张情绪，并通过优势视角发掘组员自身的潜力，在小组互动中帮助组员在群体中获得满足感，从而促进组员认知能力的进一步提高。社会工作者在每次小组活动结束前组织组员分享与总结，巩固加深小组活动的效果，从而不断强化组员的认知能力的提高。

4. 小组后期

小组后期是社会支持网络的完善阶段，在前一阶段，小组成员的认知能力得到一定提升，自信心也逐步增强，在这一阶段，社会工作者邀请小组成员的家属加入，为组员提供家庭支持，完善成员的社会支持网络。最后通过回顾小组历程，巩固加深小组活动的效果，并展望对未来的美好规划，最终实现小组目标。

在最后阶段中，社会工作者邀请小组成员的家属加入，开展"当我老了"的活动，通过成员与家属的互动，让家属亲身感受到老人们的变化，表达对老人们的关心；对之前有沟通障碍的家庭，社会工作者通过组织子女、老人轮流发言促进双方相互理解，为老人提供家庭支持；对子女因自身原因未到场的老人，社会工作者及时对其进行关怀，提供情感支持，使老人活得"有盼头"。探索组员的社会关系，进行资源链接，拓宽组员的社会支持网络。在最后的活动中，社会工作者以"分离也快乐"为主题，带领小组成员观看活动照片，回顾小组历程感受自己的变化，总结自己的成长，巩固提高自身的认知能力，引导成员处理好离别的情绪并提供后续支持，鼓励小组成员展望未来的美好生活。

在小组后期阶段，社会工作者主要扮演支持者、陪伴者的角色，小组成员基本在不同程度上提升了自身的认知能力，能够在小组中进行良好的人际互动，社会工作者对小组进行评估测定，了解小组目标的实现情况。

（六）总体成效评估

从社会工作者对服务对象服务前和服务后的评估对比以及服务对象在小组活动中的反馈环节来看，小组目标全部完成，具体评估内容如下。

1. 小组结束时 100%的服务对象认知水平明显好转，MOCA 评定量表结果至少提高 2 分

针对服务对象认知水平的情况，社会工作者通过使用蒙特利尔认知评估量表（MOCA 量表）进行对比，以此了解服务对象在小组服务前后认知水平情况的变化。社会工作者经数据分析得出在小组结束时，100%的服务对象认知水平有所好转，MOCA 评定量表结果提高了 2~5 分不等。量表分数的提高表明小组中期开展的"青蛙跳水""唱响晚年，分享感受""一起来养生"三大活动，促进了服务对象在认知障碍康复中的注意力、记忆力和执行力等方面的提升，减轻了认知障碍的症状，延缓了认知能力的退化，综合提升了服务对象的认知水平。

2. 小组过程中 83.3%的服务对象清楚地了解到自身的潜力，并且有激发自我潜力的动力和想法

在小组过程中 5 名服务对象了解到了自己的潜力，并且想要通过激发自己的潜力以体现自我的价值。王奶奶非常喜欢织衣物，一些特别复杂的织法，她也手到擒来，于是她打算成为一名手工老师，在养老院里教其他老人织毛衣、织帽子等；黄奶奶之前做家务积累了特别多的收纳经验，于是她决定成为一名收纳老师，教其他老人如何合理安排自己衣柜、床铺的空间；周爷爷能够熟练使用电子设备，于是他想要成为养老院的科技达人，教会老人们使用触屏手机和电脑……服务对象发掘自己的潜能也说明他们的自尊和自信有所提高，对自身的价值有了重新的认识。

3. 小组结束时 100%的服务对象更加重视人际关系对个人康养方面的影响，建立了良好的人际关系系统

对于养老院的老人群体来讲，社会交往是他们获取信息、交流感情、增进友谊、丰富晚年生活的重要渠道。良好的人际关系，会使人心情舒畅愉悦，增进人与人之间的心理距离，更好地适应新环境；反之，则会导致心情压抑，产生无助感和自卑感，从而影响健康。在小组结束时，6 名服务对象均拥有了较为良好的人际关系网，尤其是之前"没朋友"的齐奶奶，也通过小组活动找到了愿意与自己聊天交心的朋友杨奶奶。这表明服务对象在这方面的需求都获得了满足，进一步加深了自己对社会交往和人际关系的重视，自身的社会功能得到恢复，社会适应能力得到增强。

4. 小组结束时 83.3%的服务对象明显获得更多的家庭支持，社会支持网络质量提高

在小组结束时，5 名服务对象获得家庭支持显著，社会支持网络广度与深度进一步提高。小组活动计划实施过程最后的阶段，开展"当我老了"的活动，加深了服务对象与家人之间的相互理解，解开彼此间的误会和心结，一方面让服务对象感受到来自家人关怀与支持，另一方面使家人增加对服务对象生理和心理方面的关注，更大程度地发挥家庭支持的作用，提高服务对象社会支持网络的质量。

（七）专业反思

在医务社会工作者和服务对象 2 个月的共同努力下，小组目标顺利完成，服务对象的需求得到满足，社会工作者的专业实操能力进一步提升，但仍有需要反思的内容。

1. 社会工作者在服务过程中要重视服务对象的互动参与度

小组工作在互动过程中，通过彼此分享、承担、支持、教育、治疗等小组活动，带来组员态度和行为的改变。社会工作者要留意小组内个别特殊的组员，比如一些内向、沉默类型的组员，想办法提高他们与社会工作者和其他组员的互动性，做到对组员的"个性化"处理，必要时可进行单独辅导。同时在活动环节的设计上要依据小组组员的特性，锻炼反应能力、身体协调能力等，这样才能发挥好每个游戏和活动环节的最大作用，加强组员的互动联结。

2. 针对养老院老人这一服务群体，社会工作者要尤其重视发挥优势视角的作用

服务对象属于高龄群体，对自己的人生目前多处于悲观消极的态度。在小组工作开始之前，社会工作者了解到服务对象对于自己的生活基本上都是"无所谓""活一天是一天"的评价。由此可以看出，除了处于高压状态的年轻人群体，老年人群体也需要鼓励、疏导和关怀。作为社会工作者，我们要在言语与行动中宣扬正向积极的态度，改善服务对象的心理环境，使其更加乐观地面对未来的生活。

3. 社会工作者要在结案前夕妥善处理好服务对象的离别情绪

服务对象的特性之一就是感情比较敏感和细腻，如果贸然通知服务对象服务结束，可以结案的话，他们可能没有办法很快地接受，也难以从不舍的情绪中抽离出来。所以社会工作者要提前有预备，先处理好自己的情绪，在结案过程中循序渐进，回顾小组历程，强调组员的正面成功感受并承诺提供后续支持，以增强服务对象自主发展与成长的信心和力量。

附件

附表 1　第一次小组活动过程记录

活动时间	2021 年 8 月 18 日	活动地点	南 B2012
主持人	小李	整理人	小马
服务对象人数	6 人		
活动主题	快乐初相识		
本节目标	使小组成员之间相互认识，加深成员对彼此的印象，促进成员间沟通交流。初步建立小组关系，制定小组规则，使小组工作有序开展		

	社会工作者与服务对象初步建立起专业关系，简单介绍本次小组活动背景、目标、内容，小组成员能较好地接受，配合程度较高。工作者通过三个小游戏促进成员间沟通。

过程记录

游戏名称	目的	时间	规则
自我介绍	活跃气氛，初步认识	20 分钟	小组成员进行自我基本信息的介绍
我的形容词	增进认识	15 分钟	选定一个或几个形容词来描述自己，增进组员间的认识
约定在心中	增强熟悉感	20 分钟	组员对其他小组成员的外形、性格、特长等进行认识并用自己的话进行交流描述

　　第一个游戏进行自我介绍时，有的组员表现比较积极，但有的组员在一定程度上拒绝交流。在第二个和第三个游戏中，大部分组员已经对互相有了初步了解。

　　工作者介入技巧分析/感悟：工作者刚开始与小组成员沟通有一定困难，通过游戏，气氛得到缓和，通过工作者和小组中积极成员的带动，原先不愿沟通的成员开始与他人开展沟通

附表2　第二次小组活动过程记录

活动时间	2021年8月25日	活动地点	南B2012
主持人	小李	整理人	小马
服务对象人数	6人		
活动主题	说说心里话		
本节目标	促进小组成员之间进一步认识，加深成员间熟悉感，提升小组成员的信心，增进小组成员间的关系		
过程记录	社会工作者促进服务对象间进一步认识，简单介绍本次小组活动背景、目标、内容。工作者通过三个小游戏增进小组成员关系，建立自尊自信。 (见下表) 刚开始进行游戏时，组员兴致不高，但经过工作者的引导，组员表现都比较积极，原先不怎么发言的组员，现在主动诉说自己的看法，整体氛围很好。 工作者介入技巧分析/感悟：工作者发现最初大家兴致不高后积极介入，进行气氛带动，让大家都能诉说自己的看法。在气氛好转之后，工作者大都扮演观察者的角色		

游戏名称	目的	时间	规则
二手介绍	增进成员间熟悉感	20分钟	小组成员对身边与自己相邻的人进行介绍
优点大轰炸	提升信心	30分钟	小组成员介绍位置相邻成员的优点
我的真心话	鼓励成员自我表达，增强成员自尊自信	20分钟	在完成"优点大轰炸"游戏后，组员按顺时针顺序诉说对自己的新了解与新看法，并探求自我内心需求

附表 3　第三次小组活动过程记录

活动时间	2021 年 9 月 1 日	活动地点	南 B2012
主持人	小李	整理人	小马
服务对象人数	6 人		
活动主题	最强大脑		
本节目标	提升小组成员的反应能力,发掘小组成员自身潜能,锻炼成员注意力,锻炼成员身体,增强体质		
过程记录	社会工作者为缓解成员轻度认知障碍,采用小游戏的方式锻炼成员的反应能力与记忆能力,发掘成员自身潜能。		

游戏名称	目的	时间	规则
大风吹	提高成员反应能力与记忆能力	35分钟	1. 将椅子围成一圈,从成员中选出一个人 2. 其他人分别坐在不同的椅子上 3. 选出的人在场地中央说大/小风吹,说大风吹,则有×(例如戴眼镜)的人起来换座位,如果说小风吹,则没有×的人换座位,不能连续两人互换或坐在原位
记图片	锻炼视觉注意力	20分钟	选择图片让组员观看,看后,让组员描述图片中的内容,例如有几个人,都在干什么,手里拿的什么东西
一起来养生	锻炼身体,增强体质	20分钟	选择特定的健身操,工作者带领组员一起完成

刚开始进行大风吹游戏时,部分组员不理解游戏规则,工作者示范表演,经过一段时间游戏,组员们渐入佳境,大家气氛高涨。在记图片的游戏中,不同组员的反应不同,有些组员记忆力相对较好,有些则明显落后于其他组员。在养生环节中,老人们大都接触过养生操,也都能较为积极地配合。

工作者介入技巧分析/感悟:在进行游戏时,工作者要考虑到每个老人的接受程度,率先做出示范,增进小组气氛。面对在游戏中表现不好的组员,工作者应给予适当鼓励

附表 4　第四次小组活动过程记录

活动时间	2021 年 9 月 8 日	活动地点	南 B2012
主持人	小李	整理人	小马
服务对象人数	6 人		
活动主题	创造乐无穷		
本节目标	锻炼小组成员的延迟回忆能力，提高小组成员的反应能力，锻炼成员身体，增强体质		
过程记录	社会工作者为缓解成员轻度认知障碍，采用小游戏的方式锻炼成员的反应能力与延迟回忆能力，提升组员身体素质。		

游戏名称	目的	时间	规则
萝卜蹲	锻炼组员延迟回忆能力	30 分钟	1. 组员分为白萝卜、绿萝卜、黄萝卜等 2. 随机选定一人开始，例如选定白萝卜，边做蹲起边说白萝卜蹲，白萝卜蹲，白萝卜蹲完黄萝卜蹲，说完并用手指向白萝卜 3. 如果白萝卜不存在或者与对应的人不符则淘汰
青蛙跳水	锻炼反应能力与注意力	30 分钟	工作者说：一只青蛙，第二个人：一张嘴，第三个人：两只眼睛，第四个人：四条腿，第五个人：扑通跳下水。继续下一个人：两只青蛙，第二个人：两张嘴，第三个人：四只眼睛，第四个人：八条腿，第五个人：扑通扑通跳下水。以此类推，说错的人被淘汰
一起来养生	锻炼身体，增强体质	20 分钟	选择特定的健身操，工作者带领组员一起完成

进行萝卜蹲，有些老人因为身体原因，不方便做蹲起，改用拍手的方式代替做蹲起。在进行青蛙跳水这一项游戏时，齐奶奶因为第一个被淘汰内心受挫，工作者在游戏后对其单独进行心理疏导。在养生环节中，老人们对养生操越来越熟练，热情高涨。

工作者介入技巧分析/感悟：在进行游戏时，工作者需要考虑老人的身体状况，面对身体状况不允许的老人，可调整游戏的方式与环节。在进行游戏时也会有意外情况发生，工作者应做好准备，面对心理受挫的老人，工作者需要采取个案社会工作的专业方法对老人进行心理疏导

附表 5　第五次小组活动过程记录

活动时间	2021 年 9 月 15 日	活动地点	南 B2012
主持人	小李	整理人	小马
服务对象人数	6 人		
活动主题	探索空间		
本节目标	锻炼小组成员的动手能力与想象力，提高小组成员的自尊与成就感，进行呼吸训练，缓解组员紧张情绪。锻炼成员身体，增强体质		

过程记录	社会工作者为缓解成员轻度认知障碍，采用小游戏的方式锻炼成员的动手能力与想象力，缓解组员紧张情绪，增强组员的身体素质。

游戏名称	目的	时间	规则
九巧板拼凑游戏	锻炼动手能力、想象力与创造力	20 分钟	为组员选取不同的图形，让组员用九巧板拼成，看谁拼得又快又好
音乐放松减压	调解组员呼吸，放松肢体，缓解紧张情绪	30 分钟	选择符合组员喜好的舒缓音乐并设计符合音乐的动作，工作者带领组员跟着音乐高声歌唱并完成设定动作
一起来养生	锻炼身体，增强体质	20 分钟	选择健身操，工作者带领组员一起完成

最初进行九巧拼凑游戏时，只有极少老人能反应过来并完成规定任务，工作者带领老人完成几张拼图后，老人们渐渐熟练并产生浓厚兴趣。在听音乐放松减压时，老人脸上洋溢着幸福的笑容。

工作者介入技巧分析/感悟：在进行游戏时，面对之前没有体验过的智力游戏，工作者积极带领老人完成，增进老人的熟悉感。经过几次活动，老人对养生操的热情依旧很高，身体素质的提升有助于认知能力的恢复，这说明在以后的活动乃至服务过程中，增强身体素质的服务设计是必不可少的

附表6 第六次小组活动过程记录

活动时间	2021 年 9 月 22 日	活动地点	南 B2012
主持人	小李	整理人	小马
服务对象人数	6 人		
活动主题	为真诚疗伤		
本节目标	拉近组员关系，增进组员间互动，舒缓组员心中的紧张与落寞悲伤情绪，锻炼组员的语言表达能力，促进良好人际关系的建立，完善人际关系网络，为组员提供人际关系支持		

过程记录

社会工作者促进组员建立良好的人际关系，解决组员心理问题，采用多种形式使组员抒发心中想法，回顾生命历程，缓解组员紧张情绪，为组员提供情绪支持。

游戏名称	目的	时间	规则
旅行日记	回顾生命历程，锻炼语言表达能力，恢复认知能力	30 分钟	社工引导老人对生命中的事件进行回顾，既要注意到生命中的正面事件，也要注意生命中的负面事件，并找出引发负面事件的原因，共同探讨哪些可以改变
唱响晚年，分享感受	增进老人间交流，帮助老人解决问题	30 分钟	选择老人年轻时耳熟能详的歌曲，号召老人进行合唱，在合唱后，让老人讲述自己的感受
一起来养生	锻炼身体，增强体质	20 分钟	选择健身操，工作者带领组员一起完成

进行旅行日记活动时，老人讲述到自己之前引以为傲的事件时，自豪之情在脸上洋溢，当提及负面事件时会进行有选择的回避。在进行"唱响晚年，分享感受"活动过后，老人们敞开心扉，更愿意与他人交流。

工作者介入技巧分析/感悟：进行生命回顾时，工作者要善于倾听老人所讲的事件，对老人生命历程中的成就应加以肯定。面对老人有意回避或感到难过的负面事件。工作者应帮助老人觉察之前没有觉察到的问题并探索有哪些问题是可以解决和弥补的，提升老人处理问题的方式和技巧。在听完歌后，老人们的情绪得到舒缓，工作者之后可在工作难以进行时通过音乐使老人打开心扉，提升组员们的活动参与度

附表 7　第七次小组活动过程记录

活动时间	2021 年 9 月 29 日	活动地点	南 B2012
主持人	小李	整理人	小马
服务对象人数	6 人		
活动主题	相亲相爱一家人		
本节目标	促进老人与家庭成员之间的沟通,为老人提供情感支持,拓宽老人的社会支持网络		

| 过程记录 | 社会工作者促进组员建立完善的社会支持网络,通过几个活动拉近老人与其家庭成员之间的距离,促进家庭沟通。

游戏名称	目的	时间	规则
逢三必过	拉近老人与家庭成员之间的距离,锻炼老人的反应能力	25 分钟	随机一人开始从一报数,凡遇到三或者三的倍数则以拍手代替
当我老了	使家属感受老人自身变化,拉近家庭成员间的距离	40 分钟	邀请家属加入,感受老人的年龄、生理变化,使老人和家属轮流发言,交流互相的感受
一起来养生	锻炼身体,增强体质	15 分钟	选择健身操,工作者带领组员一起完成

进行"当我老了"活动时,家属了解到老人的自身变化,更能体谅老人的实际情况。其中,张爷爷的子女因自身原因并未到场,选择社工充当了自己儿子的角色。

工作者介入技巧分析/感悟:工作者需要促进老人与家庭成员之间的沟通,为老人提供家庭网络的支持。对有沟通障碍的家庭鼓励家庭成员诉说自己的看法,并找出矛盾发生的原因,寻找解决方法。面对子女因自身原因未到场的老人,社工应充当起子女的角色,为老人提供情感支持 |

附表 8　第八次小组活动过程记录

活动时间	2021 年 10 月 6 日	活动地点	南 B2012
主持人	小李	整理人	小马
服务对象人数	6 人		
活动主题	明天，你好		
本节目标	促进老人回顾小组历程，感受自身成长。巩固小组成果，制定未来规划，处理好离别情绪，提供后续支持		
过程记录	社会工作者组织小组成员观看活动照片，回顾小组活动历程，成员间进行彼此祝福。引导成员处理好离别情绪，对已经取得的成就进行总结，巩固已有成果，并根据情况进行跟进服务。		

游戏名称	目的	时间	规则
观看活动照片	回顾小组活动照片，感受自身认知能力的提升与社会支持网络的拓展	20 分钟	成员们观看工作者整理出的小组活动照片，对小组活动过程进行回顾与交流
分离也快乐	处理好老人的离别情绪，巩固已有成果	40 分钟	工作者肯定老人已经取得的成果并诉说服务将要结束的事实，向老人诉说结束的原因及如何进行后续巩固
分享与总结	巩固已有成果，方便跟进服务	30 分钟	工作者强调组员的成就，并鼓励老人对成果进行巩固，根据每个人的实际情况约定后期的回访时间，进行跟进服务

在"分离也快乐"活动中，老人对社工有明显的不舍，社工说明服务结束的原因并承诺提供后续支持以增强组员面对困难的自信。

工作者介入技巧分析/感悟：工作者结案时要循序渐进，不能太突然，要使老人有准备。在结案过程中，回顾小组工作过程，强调组员的正面感受。应根据不同人的实际情况为其制定后续计划并约定回访时间，检验服务对象脱离工作者的服务后是否能保持原有的进步

03

第三章

社会工作与儿童健康服务

留守儿童是经济发展建设下的产物，是一个亟须关注的群体。随着城镇化进程的不断推进，我国的儿童留守现象日益普遍，由于差序格局的影响，外出务工的夫妇基本上都会将自己的子女寄养在祖辈那里，留守儿童的特殊经历，使得他们具有一些其他儿童不具备的潜力，挖掘这些潜力对于提升留守儿童的抗逆力等方面显得尤为重要。本章基于优势视角理论和社会生态系统理论，对留守儿童抗逆力的生成机制及提升路径进行分析研究。调查发现：农村留守儿童抗逆力的产生是内在因素与外在因素相互作用的结果，自身性格特点对儿童抗逆力的影响具有直接性，亲情的呵护是儿童抗逆力生成的不可或缺的社会支持资源，社区人文环境也对儿童社会适应具有较大的作用。

第一节

研究背景和意义

一、研究背景

（一）留守现象日益普遍

以中国 2020 年第七次人口普查数据为样本数据进行计算，在全国范围内我国农村留守儿童总计 643.6 万人。

外出务工人员大多从经济落后地区（尤其是南方某些省份）流入经济相对发达的东部沿海地区。

（二）关注留守儿童家庭的必要性

外出务工人员作为服务、产品的提供者和社会物质财富的创造者，他们以辛勤劳动和骨肉分离为代价，为工业化和城市化做出了巨大的贡献，而其子女即留守儿童理应受到社会各界的关注和支持。

对留守儿童家庭的研究不仅有利于了解儿童的需要以及其从逆境中培养的不同于非留守儿童的优势，防止标签化倾向，从而提高留守儿童的心理健康水平，还能够促进社会人道主义精神的发扬，促进社会的和谐。

二、研究意义

(一)理论意义

经查阅可知,我国学者对留守儿童的研究往往从问题视角出发,例如陈鹏飞在《农村留守儿童心理问题浅析》一文中主要论述农村儿童的不健康心理问题;张红宇在《留守儿童厌学原因调查及学习习惯培养》中说留守儿童相对于非留守儿童来说,更容易厌学。关于留守儿童的研究往往忽视了留守儿童本身的发展潜能以及留守事件可能带给他们的正向功能。

(二)现实意义

在社会迅速转型期间,外出务工农民急剧增加,相对应的留守现象也日益普遍,留守儿童由于亲情缺失,不可避免地出现一系列问题行为。所以,周围人对留守儿童的刻板印象以及"标签化"给儿童的心理造成负面影响。留守儿童的父母可以定期给孩子精神上的支持。抗逆力可以帮助儿童发现自己的潜在优势,用良好的心态来面对挫折。

本章从优势视角出发,了解儿童的心理需求,并挖掘由于其自身留守经历而具有的独特优势,这有利于推动针对留守儿童问题的有关公共政策的实施,同时也对我国教育事业发展有重要意义。

三、理论框架

(一)相关概念界定

1. 农村留守儿童

在农村中,父母一方或双方由于外出打工,由其他亲属(主要为祖辈)监护接受义务教育的适龄儿童,一般时间长达三个月以上才被界定为"留守",儿童的主要特点是缺少父母关爱。

2. 抗逆力

现今学界对"抗逆力"的概念尚未有统一的界定,因此"抗逆力"又有"心理弹性""复原力"之称。对于自身的特殊经历,留守儿童并非被动的客体,而是可以对所经历的事情有所反应的主体,综合现有定义的共有特性,本研究将抗逆力定义为身处一定的逆境或困境中,能够顺利应对并健康发展的优势特质。留守儿童的抗逆力是指儿童面对因留守导致安全依恋的缺乏、家庭养育能力低下等继发性风险的累积结果时,依旧能够成功抵抗的优势特质,其具有潜在性、条件性、动态性等特征。

(二)理论框架

1. 优势视角理论

该视角从地位和优势资源出发,注重个体的保护性因素,优势视角认为留守事件对儿童来说既是挑战,也是机遇。由于面临多维风险因素,留守儿童可能并不具备非留守儿童所拥有的某些优势特征,同时,亦不是所有留守儿童群体都具有问题标签。优势视角的理论意义就在于此,其改变了精神分析理论看待问题的病理角度。

留守是亲子在物理空间上的分离,留守事件本身并不会对儿童造成伤害,其发生作用的前提条件在于客观事件对留守儿童主观状态造成的负面影响。留守儿童所面临的逆境亦可以转化为优势特质,衍生出自立自强、勇敢果断等优秀品质。因此,由留守这一身份所带来的潜在优势应被充分挖掘。

2. 增强权能理论

一方面,正如前文所讲,农民工以骨肉分离为代价为工业化、城镇化发展做出巨大贡献,留守儿童群体更是时代发展的产物,他们的权利理应得到保障;而另一方面,留守儿童作为独立个体具有内在发展的潜力,而现实的留守环境以及危险性因素的存在使其权能尚未被充分挖掘。因此,需要寻找并消除对留守儿童潜能发掘的阻碍因素,促进其与外部环境的良好互动,为其提供有效的社会支持以促进其内在潜能的发挥。

第二节

研究设计与研究方法

一、研究设计

（一）研究对象和研究内容

本章的研究对象为农村留守儿童，本次的调查地点在山东省泰安市宁阳县的两所小学，本地农村外出务工者较多。调查对象是正处于九年义务教育的留守儿童。在本次研究调查中，总计深入访谈对象 37 人，表格中抗逆性程度的划分是以前文"抗逆力"概念的界定为依据，个体所存在的突出特征为积极正向则被划分为高抗逆力儿童。反之，突出特征为消极负向则被划分为低抗逆力儿童，而正负向特征参半的儿童为中抗逆力儿童。基本信息如表 3-1 所示。

表 3-1 留守儿童及其家庭成员的基本信息

留守儿童	性别	年龄	年级	留守时间	是否独生	同住者	同住者年龄	同住者学历	抗逆力
0101	男	8	2	3	是	祖父母	57/55	小学	中
0102	男	8	2	3	否	祖父母	55/56	小学	中
0103	男	10	4	2	否	叔叔	34	初中	高
0104	女	10	4	2	是	祖父	57	初中	高
0105	女	8	2	2	否	祖父母	56/53	文盲	低
0106	男	9	3	1	否	祖母	55	高中	低
0107	女	10	4	3	否	祖父母	56	小学	高
0108	女	8	2	4	是	父亲	36	初中	高
0109	女	9	3	3	否	祖母	55	文盲	中
0110	女	9	3	4	是	外公外婆	58/56	小学	中
0111	男	10	4	5	是	祖父母	58/60	小学/初中	高

续表

留守儿童	性别	年龄	年级	留守时间	是否独生	同住者	同住者年龄	同住者学历	抗逆力
0112	男	11	5	5	否	祖父母	57/57	小学	中
0113	男	10	4	4	是	祖父	55	初中	高
0114	女	9	3	3	否	姑姑	37	初中	高
0115	女	10	4	1	是	姑姑	36	高中	高
0116	男	8	2	4	是	祖父母	55/57	小学	高
0117	女	9	3	1	是	祖母	56	小学	低
0118	男	10	4	3	否	大伯	60	高中	高
0119	女	11	5	2	是	外公外婆	59/58	文盲	高
0120	男	9	3	4	是	祖父母	55/59	初中	高
0121	男	9	3	4	是	祖父母	55	初中	高
0122	女	8	2	2	否	母亲	37	高中	低
0123	女	10	4	1	是	祖父母	58/57	文盲	高
0124	男	10	4	1	否	祖父母	58/59	初中	高
0125	女	11	5	5	否	外公外婆	59/59	初中	高
0126	男	9	3	3	是	姑姑	36	初中	高
0127	女	9	3	3	否	祖父母	57/57	小学	低
0128	男	8	2	4	是	祖父母	58/58	文盲	低
0129	男	9	3	1	否	大伯	38	高中	高
0130	女	8	2	3	否	祖父	57	文盲	低
0131	女	10	4	2	是	父亲	38	小学	高
0132	男	11	5	2	是	祖父母	60/59	初中/小学	中
0133	女	9	3	1	否	父亲	36	小学	高
0134	男	10	4	1	否	祖母	59	初中	高

续表

留守儿童	性别	年龄	年级	留守时间	是否独生	同住者	同住者年龄	同住者学历	抗逆力
0135	女	8	2	3	是	大伯	37	文盲	低
0136	男	10	4	2	否	父亲	38	初中	中
0137	男	9	3	3	是	祖父母	58/58	初中/小学	高

（二）资料收集方法和分析方法

本次研究主要采取半结构式访谈的资料收集方法，以事先拟定的大概提纲为访谈内容，每人访谈时间大致为 15 到 20 分钟，访谈主题以开放性问题为主，由表及里引导，访谈者在访谈中尽量引出事件，从事件中了解抗逆力生成的影响因素以及生成机制，事后将录音转换成文字资料并进行施特劳斯的三级编码。

一级编码即对文字材料中有研究价值的点进行标注，对中心词进行归纳总结，对既有事实进行理论解释。

二级编码即轴心编码，如表 3-2 所示。

表 3-2　二级编码

核心类属	类属	属性	维度
内在因素	生理适应	性别 留守年龄 留守时间	男—女 大—小 长—短
	心理适应	自尊 自我概念 自我控制力 社会性 同理心 归属感	高—低 正确—错误 大—小 大—小 有—无 有—无

续表

核心类属	类属	属性	维度
内在因素	认知适应	适应模式 归因偏向 社会支持 认知信念	积极主动—消极被动 自利归因—消极归因 有—无 合理—不合理
外在因素	学业适应	学习成绩 学习方式 辅导班	高—低 自主学习—合作学习 参加—不参加
	家庭支持	捎带礼物 工作地点 繁忙程度 相处时间 回家频率 电话视频 告知打工	是—否 远—近 是—否 多—少 高—低 多—少 是—否
	邻里支持	生活状况 空闲时间 性格特点	好—坏 有—无 相合—相斥
	同伴支持	性别 学习成绩	相同—相异 吸引—互斥
	老师支持	老师严厉程度 对老师的喜爱程度	大—小 大—小

三级编码即选择编码。

核心类属：农村留守儿童抗逆力生成机制。

支援类属：① 生理适应。

② 心理适应。

③ 认知适应。

④ 学业适应。

⑤ 社会支持。

过程条件：与社会关系相处中抗逆力的变动表现。

因果条件：父母外出打工造成的子女留守。

理论假设：

以往对留守儿童的研究过分注重其心理问题，忽视了留守儿童本身的发展潜能及留守事件可能带给他们的正向影响。

留守儿童的重要他人（包括社区邻里、老师同学等）既可以是风险性因子，也可以成为促使抗逆力形成的保护性因子。

二、研究的创新之处及不足

（一）创新之处

第一，研究视角的突破。本文以农村留守儿童为研究对象，以抗逆力的影响因素和生成机制为研究内容，以优势视角理论和"人在情境中"的理论观点等多种理论为分析框架，突破以往对留守儿童研究的问题视角。

第二，本书运用社会工作的有关知识分析留守儿童的社会需要、抗逆力的影响因素以及生成机制，并在抗逆力培育的路径选择中强调利用专业化的社会工作来促进儿童抗逆力的提升。

（二）研究不足之处

由于笔者自身专业理论、知识水平、调查能力等方面的不足，难免研究会存在不足之处。

第一，研究对象受限。由于人力、物力、财力等限制，本次的研究范围局限于山东省泰安市宁阳县的两所小学，不代表全国留守儿童的抗逆力水平。

第二，本书从质性研究的角度进行分析，缺少定量分析，研究结果可能缺乏精准性。

第三，抗逆力的形成是儿童与外部环境长期交互作用的结果，因此最恰当的应该是采取时间线的方法来探究影响儿童抗逆力生成的相关社会结构和生活事件的意义，而这正是本次调查欠缺之处。

（三）研究展望

第一，留守儿童抗逆力的生成是一个长期的过程，其间更受到多方面因素的影响，因此对其抗逆力的研究应该进行长期的跟踪调查，可借鉴生态系统理论中的"生命周期"概念，在研究中形成一条时间线。

第二，寻求妇联组织、民政部门、教育机构的合作，共同探讨留守儿童存在的问题以及切实可行的干预措施。

第三，相关理论阐释以及模式干预需要进一步完善，影响留守儿童抗逆力生成的深层次因素以及错综复杂的相互作用还需进一步探讨，这也是我们进一步研究的方向。

第三节

农村留守儿童抗逆力水平的现状

抗逆力水平受到来自内外部系统多种因素的影响，因此个体所表现出的抗逆力程度也不尽相同。笔者在校长的协助下，通过实地观察，了解两所小学留守儿童的生活水平以及抗逆力现状，后者主要从抗逆力总体水平以及保护因子两方面来进行阐述。保护性因子又可细分为自尊、信念、归属感、同理心、家庭、同伴、学校、社区等，可划分为内在及外在优势两个维度。

一、总体水平状况

外部环境的有力支持与留守儿童的自身条件及心理感受的相互作用，使得留守儿童的抗逆力在当下呈现出偏高的状况。大部分儿童抗逆力有中等及以上水平，小部分抗逆力处于低水平。本次研究采用的是定性研究，研究显示，具备较高抗逆力水平的儿童约占 38%，中等抗逆力水平的儿童约占 41%，低抗逆力水平的儿童约占 6%。

二、保护因子

（一）保护因子

保护因子分为内保护因子以及外保护因子，儿童抗逆力的培育是两者相互作用的动态结果。外在保护因子包括初级群体以及次级群体，内在保护因子包括自尊、信念、归属感、同理心。外保护因子对儿童抗逆力的生成亦具有极其重要的作用。

（二）内保护因子状况

内保护因子的保护水平高低对儿童抗逆力的生成具有决定性作用，进一步分析内保护因子的各下属因子，发现儿童在自尊、信念、归属感、同理心四个方面发展水平不等。其中信念、归属感两个维度发展较好，处于较高水平，而同理心发展则并不理想。

（三）外保护因子状况

生态系统理论强调人在情境中，外在情景会作用于儿童自身，即抗逆力受限于主观意识以及客观条件的综合作用。进一步分析外在群体，可以发现以下两个特点：

（1）同伴、家庭、学校、社区各因子的支持状况不平衡，其中同伴与家庭支持性水平最高，学校支持性水平较低。

（2）关心的关系、高水平的期望、有意义的参与这三者中，前两者对抗逆力水平的影响较高，尤其是家庭的关心以及父母的期望尤为重要，而儿童在学校中有意义的参与并未显示较大的作用。

三、保护因子间的共同作用

调查结果显示，由于自身较高的心理素质以及社会支持网络的链接，留守儿童并未因为自己的父母不在身旁而产生较强的不稳定心理，反而将自己家庭方面的劣势转为一种动力，这种动力使他们在心理、行为方面产生了积极的影响，生活能力有所增加，学习积极性显著提高，自我约束力明显增强，也更富有责任心，其社会适应性甚至远远优于非留守儿童。

除此之外，本次研究发现，子女是否为独生则呈现出不同的抗逆力水平。由被访者的基本信息以及行为表现可以得出，非独生子女即具有兄弟姐妹的留守儿童的抗逆力水平普遍来讲高于独生子女，父母外出打工时留守儿童年龄大者抗逆力水平高于年龄小者。若父母没有向其子女解释清楚外出打工的原因，更有甚者并未告知其将要远离家乡到遥远的城市打工，则有极大的可能会给子女留下心理阴影，造成强烈的不安全感，而兄弟姐妹的陪伴将极大缓解其与陌生人交往的恐惧。相比于年龄较小者，高年龄儿童更能理解父母的所作所为，抗逆力水平较高。抗逆力的生成是个体与外界环境相互作用的结果，如表 3-3 所示。

表 3-3 农村儿童抗逆力保护性因子保护水平状况

因子种类	下属因子	抗逆力水平
内保护因子	自尊	中
	信念	高
	同理心	中
	归属感	高
外保护因子	家庭	高
	学校	中
	社区	高
	同伴	高

环境—个体互动模型如图 3-1 所示。

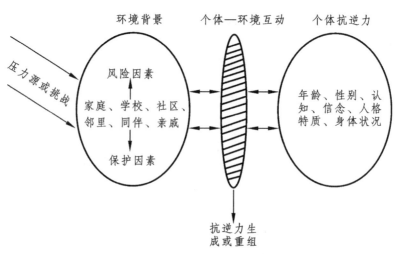

图 3-1 环境—个体互动模型

第四节

农村留守儿童抗逆力水平的影响因素分析

留守儿童抗逆力水平的生成是多种因素相互作用的结果，本文主要从内外两个方面进行阐释，内在因素包括生理适应、心理适应以及社会适应。外在因素包括学业适应以及支持网络，留守带来的核心风险是亲子分离，而影响儿童抗逆力生成的内外在因素既有保护性因素，具有正向补偿作用，又有危险性因素，具有负向预测作用。

一、生理适应

儿童的生理基础是抗逆力培育的核心要素，主要包括儿童的性别、留守年龄以及留守时间。留守儿童通过生理特征对外部环境进行调适。

（一）留守年龄

根据皮亚杰的认知发展理论，每一阶段的儿童对世界各物质之间的关系都有不同的认识，不同年龄阶段的儿童对父母外出务工一事的认识不同、理解相异，由此在之后生活中的抗逆力表现差异显著，留守儿童若能接受"留守"一事，则社会适应良好，反之，则社会适应不良。

在生命早期阶段，儿童只能从自己的角度思考问题，并且思维具有不可逆性，而随着年龄的增长，留守儿童在情境中同时担当众多角色，可以从几个重要他人的角度看待问题，并开始理解父母外出务工的做法。

（二）儿童性别

此次调查结果显示，留守女童由于受角色期待、传统文化等因素的影响，常被教育为温顺、听话的乖乖女，学业适应能力较强，这一点与科尔伯格的习俗水平中的寻求认可定向阶段相符，而男生则被要求成为独立自主、敢于担当的"男子汉"，其社会适应能力较强，此结论与社会性别理论亦具有相关性。

（三）留守时间

留守时间越长，儿童与父母的心理距离愈发疏远，容易出现情感隔膜，但由于血缘关系的连接，儿童依然对父母回家有较大的期盼。有儿童反映"爸妈回来的时候感觉有点陌生，不会失落，会开心。有烦心事时就希望他们早点回来"（0105 儿童）。

二、心理适应

心理适应包括个体与外部环境互动中形成的自尊、信念、同理心以及归属感等，能够促使儿童对外部环境中的风险因素进行调节。

（一）自尊

镜中我是库利的焦点理论，在留守儿童问题上，主要是指在与他人的互动过程当中，自己通过他人对自己的评价而建立的自我形象。与成年人相比，儿童更容易受到外界的影响。因此，当他人倾向于给留守儿童正面评价时，儿童更容易形成高自尊。反之，则形成低自尊。

（二）信念

根据艾利斯提出的"ABC 情绪理论框架"，如何看待父母外出打工一事是儿童形成抗逆力的关键，若儿童能够正确理解父母的行为方式，认为其出发点是为确保整个家庭的经济收入，则抗逆力较强；反之，若认为父母是因为对自己不喜欢而外出打工，则会形成过度责任和个人肇因假定等不合理信念，而在其他领域表现出畏惧感，在人际交往中认为自己是一个讨人厌的孩子，则会形成过度概括等非理性信念，甚至会产生行为偏差。

（三）同理心

留守儿童由于自身经历不同，形成了一些异于非留守儿童的个性，例如心思缜密、考虑问题全面等，因此更习惯于从他人的角度考虑问题，能够换位思考。

（四）归属感

根据马斯洛的需求五层次理论，留守儿童具有归属与爱的需要，亲戚邻里也可以大大弥补留守儿童父母亲情的缺失，老师同学则会给予其班集体的归属感，此两方面需求得到满足的留守儿童抗逆力水平较高。

此外，若留守儿童平时和父母联系较少，交流仅限于学习，父母对其他事情过问较少，使得亲情缺失，产生情感隔膜，则不利于良好亲子关系的发展。

三、社会适应

儿童对于自我关系的认知是否准确极大影响抗逆力生成的过程机制。社会适应能力主要包括生活自理能力、社会交往能力、应对和自我管理能力等方面，主要影响因素有社会性、包容需要以及效能感。

（一）社会性

个人的成长发展就是不断社会化的过程，社会性较高的儿童较为看重与他人的互动关系，并能够从种种关系中获得自己所需要的资源，从而满足自己的需求，显示为抗逆力较强。

（二）包容需要

根据舒茨的人际关系三维理论，儿童在相互交往的过程中，会自然产生一种包容需要。但是如果儿童社会交往过多，包容需要得到过分满足，会形成超社会行为，比如儿童会以哭闹等方式要求祖辈满足自己的需要，长此以往易形成偏差行为。

（三）自我效能感

自我效能感亦称作社会胜任能力，与生态系统理论相关，当留守儿童确信自己有足够能力完成一项任务时，往往会提高事情成功的概率，即问题解决能力较强，抗逆力较高。

四、学业适应

由于亲子分离，相比于非留守儿童，留守儿童较少接受父母的学业辅导，而祖辈受限于文化水平、时间、精力等因素，则倾向于将孙辈交给辅导班代为照看，但父母的话语激励对儿童的学习成绩仍有显著影响。

（1）由于老人年事已高、文化水平受限，对子孙的学习教育心有余而力不足。并且老人常因忙于农活或家务无暇顾及孩子，精力不济，健康状况不佳，监护力不从心。因此，辅导班就成为儿童平时看管和促进学业进步的首要选择。如"平常除了在学校就是在辅导班，在辅导班待两个多小时，不会的题就问辅导班的老师"（0116 儿童）。

（2）以往研究表明，留守儿童的学业成绩普遍较低，但此次研究发现两者之间并不存在必然的联系。相反，有些留守儿童会受到父母话语的激励，形成积极的自我暗示，具有强烈的学习动力，对未来充满期望，学习成绩名列前茅。如"爸爸妈妈夸奖之后，要继续努力得第 1 名。他们打电话要我在家里好好学习。说我学习好了，妈妈就会回来过年，就不再去上班了"（0119 儿童）。

（3）儿童内心害怕辜负父母的期望，从而担忧学习成绩不好。如"爸爸妈妈打电话会说好好学习，现在最大的烦心事是学习不好，我要好好学习"（0128 儿童）。

五、支持网络

儿童的社会支持网络应从横向、纵向两个维度来构建，其中纵向支持网络是与父母、学校等对象进行信息和资源交换，横向支持网络是儿童与同辈群体的资源链接。这一点与费孝通所提出的"差序格局"概念相类，强调社会关系是由内而外的扩张过程，以私人关系为主线，交织成复杂的社会关系网，其中社会关系包括血缘联系和地缘联系。

对周围人的亲密程度进行排序时，大多儿童不会依据血缘关系进行简单排序，而是根据相处时间的多寡、对方的性格特点以及给予自己的关心程度（包括物质给予与精神慰藉）等方面进行综合排序，较少考虑父母的艰难处境。这一点与格兰诺维特提出的人际连接的强度概念不谋而合。有儿童反映"最亲的是我奶奶，然后是我姑姑，然后是……我爸爸，因为他们在外面好像都不管我，过年时才回来（0122 儿童）"。

在父母陪伴缺失的情况下，社会支持网络的作用显得尤为重要，合理的社会支持网络可以为抗逆力的发展提供保护。

（一）家庭资源

鲍尔比在依恋理论中提到，在依恋关系的形成阶段，最重要的是促进儿童与有重要关系的成人保持联系，对于留守儿童而言，这里的"重要成人"首先指父母、兄弟姐妹及具有间接血缘关系的亲戚。

1. 父母

家庭有一个极为重要的功能就是提供情感慰藉，家庭是最亲密的群体，群体成员之间情感及日常交流频繁，成员间就更容易得到信任和理解，在父母的帮助下，儿童更有信心战胜家庭以外的挫折和压力等。

虽然留守儿童与非留守儿童相比，在情感满足方面仍有较大的不足，不仅与父母缺乏情感沟通，并且还要承担来自外部环境的负面因素。但父母可以尽量在自己空闲时间与子女进行视频通话，回家看望，即便在子女生日等重要日子无法及时回家，事后也可以通过买礼物、加倍的陪伴时间来进行补偿。需要注意的是，形式上的礼物赠送仅是父母向子女表达爱意的载体，其关键在于子女能够接收父母对无法及时陪伴在自己身边的歉意，让子女感受到自己是被父母在意的。一位九岁的小女孩说道："我过生日（爸妈）会回家，买蛋糕，蛋糕上面有一只老虎(受访者属虎)。""我在家感冒了,然后我奶奶给我妈妈打电话,妈妈就回来了，带我去医院打吊瓶。"（0104 儿童）

除此之外，提供经济支持也是家庭必不可少的一项功能，父母有责任抚养子女，而父母外出打工最首要的目的就是满足整个家庭的经济需要，为其子女创造良好的经济条件。如"上次他们（爸妈）没有空所以就没给我过生日，但是他们发来了 100 块钱，让我爷爷给我"（0135 儿童）。

2. 兄弟姐妹

在非独生的核心家庭中，除父母之外，儿童与兄弟姐妹有极其紧密的情感联系，而父母外出打工所带给儿童的不安全感，从兄弟姐妹那里也会获得极大的弥补。弟妹更容易对周围人具有信任感；兄姐的独立自主能力以及责任心则更为强烈。此外，调查结果显示，在非独生家庭中，扮演兄姐角色的儿童往往性格比较坚强，对自己的弟妹似乎有一种责任感，如"俺姐姐对我好，她在学校里，同学都不敢招惹她"（0117 儿童）。

3. 祖父母

祖父母（外祖父母）在日常生活中的悉心照料为儿童提供基本的生活保障和一定的家庭归属感。有儿童反映"奶奶照顾我，给我做饭、梳头，送我上学，接我送我上辅导班。奶奶好"（0101 儿童）。

4. 亲戚

亲戚大多与儿童父母的年龄接近，多为叔叔伯伯、舅舅姑姑，在情感沟通方面更容易弥补父母亲情的缺失。与祖父母相比，与之沟通交流较为容易；如"姑姑来开家长会，我一周去姑姑家一两次，姑姑也会过来照顾我，过生日的时候姑姑会来，也会买一些东西，烦心事会跟姑姑说"（0105 儿童）。但需要注意的是，儿童虽然能够在一定程度上得到关爱，拉近与亲戚的关系，但也不排除养成儿童任性心理行为的可能性。

（二）学校资源

在学校方面，调查中留守儿童与校内各群体比如老师群体、学生群体的相处关系达到中等以上。

1. 老师

留守一词只是一种对实际生存状态的描述，而不是一种负向的概念。老师在面对留守儿童时，要意识到"留守"标签可能给他们带来的各种负面影响，让外界可以更深入地了解留守儿童，老师的无差别对待将会促使儿童的自我定位更加准确。如"老师会帮助我学习，对我跟对其他同学一样，不会格外关心我。自己也没什么感觉与别人不一样"（0135 儿童）。

"皮格马利翁效应"指出学生在学习方面的发展与老师对其的关注程度呈正相关，同理，留守儿童抗逆力的生成与老师的高期望亦呈现正比关系，为留守儿童设定一个既符合所处年龄段又可以通过改变来达到的目标，可以让他们体验自我价值实现的感觉，促使他们做出正向的转变，达到培育抗逆力的良好效果。

2. 同伴群体

儿童的性别差异会导致亲密同伴的构建结构与情绪宣泄方式不同。

第一，留守儿童年龄较小，由于相近的性格特点和思维方式，玩耍的同伴多为同性，即亲密同伴具有同质性。有女童反映"他们（男生）不愿意跟小女生玩，就喜欢跟男孩玩。我也不找他们玩，因为其他小女生不愿意我跟小男生玩，我也不喜欢跟小男生玩。因为小男生听不懂我在玩什么"（0130 儿童）。

第二，宣泄情绪方式不同，女生大多向与自己亲近的外祖父母表达情感；男生则会以大哭一场或者与好友交流心事的方式来舒缓对父母的想念之情。有男童反映"难受了趴在炕上哭。自己哭哭就不哭了"（0120 儿童）。有女童反映"烦心事跟奶奶说"（0135 儿童）。自我与超我概念的提出来源于弗洛伊德的人格结构理论，若两者发展平衡，就会使得儿童表现出适当的焦虑，可以控制自己的不合理情绪以及极端行为。班杜拉的社会学习理论指出，留守儿童的性格和行为是后天养成的，是经由观察他人(尤其是同伴群体)，或从事学习得来的，而同伴群体对留守儿童抗逆力的生成可以细分为促进因素和阻碍因素。

1）促进因素

同伴与自己所处年龄阶段相仿，并且对彼此不负有监管责任，更能够敞开心扉，进行真诚的交流。如"如果受了委屈或者有心事的话，第一个跟同学说一下"（0117 儿童）。

在缺失父母引导的情况下，同伴的陪伴作用至关重要，儿童在遇事时会首先求助于同伴，并且儿童也会根据同伴对自己的反应模式形成自我概念、自我评价，如果双方互动良好，则对儿童的抗逆力生成具有促进作用。反之，互动不良，则倾向于出现一些极端的心理或者行为，对儿童的抗逆力生成具有阻碍作用，这与班杜拉的社会学习理论相类。

2）阻碍因素

处于学龄期的儿童尚未形成成熟的人生观和价值观，加之具有较强的攀比心理，因此对于留守儿童此类的弱势群体，非留守儿童更容易对其表现出言语或行为方面的歧视，而这严重影响留守儿童正常的社会化进程。有儿童反映"有时候跟同学吵架，他就好骂人，说我坏话"（0128 儿童）。

（三）社区资源

影响留守儿童性格与心理的外部环境也包括留守儿童的生活环境，即生活的村庄、居民楼等，人与人之间的互动也对留守儿童的成长有着巨大影响。

若社区或村落的人们彼此之间互帮互助、体现人道主义精神，那么留守儿童就更能体会到爱与温暖，将会正面影响其自我调节能力和道德行为，反之，若邻里之间冷漠封闭，氛围恶劣，留守儿童更容易形成自闭、抑郁的心理，产生低个人行为。调查发现，该社区联结处于中等的水平。邻居孩子之间的关系可能直接影响着两个家庭之间的关系，由此影响留守儿童的社区支持水平。如"跟邻居们关系好，有的邻居就是和我一个班的，我们一起写作业"（0108 儿童）。两家之间的相处时间是形成良好邻里关系的必要条件，但不是充分条件。邻里间的互帮互助，尤其在农忙季节表现得更为突出，这与社会交换理论相符，无论是物质交换，如"邻居平常会给奶奶家送一些枣子和苹果。奶奶也会给他们买奶"（0124 儿童），还是劳力互助，如"奶奶平时还要浇地，每天浇地就浇到黑天。然后有的人还陪着我奶奶一起浇地，我奶奶也陪着他们一起浇地，如果要浇到半夜，我就去邻居家"（0123 儿童），都对邻里关系产生显著的影响。

第五节

农村留守儿童抗逆力水平的生成机制分析

个人特质与环境互动不是割裂开来的，微观个体在与宏观环境的互动过程中，慢慢形成特质并作用于互动的过程，形成抗逆力结果。

基于上文分析，留守儿童抗逆力生成机制包括交互作用的五个核心过程：生理适应、心理适应、社会适应、学业适应以及支持网络。儿童的生理基础是作为抗逆力生成的核心机制，通过留守年龄、儿童性别以及留守时间对外部环境进行调适；儿童心理环境则包括自尊、信念、同理心、归属感，能够促使个体对外部环境中的危险性因素进行补偿和调节；社会适应包括儿童的社会性、包容需要以及自我效能感；学业适应则与内在动力、父母的激励以及辅导班学习有关，是它们共同影响、调适的结果；支持网络包括家庭资源、学校资源以及社区资源。五个维度交互作用于儿童抗逆力的生成水平。如图 3-2 所示。

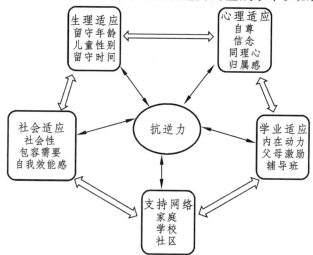

图 3-2　抗逆力生成水平影响因素相互作用图

第六节

基于优势视角的留守儿童社工干预模式

本书尝试将社会工作的理念和方法应用于农村留守儿童服务的实践，针对留守儿童自身存在和面临的各种问题，通过社会工作专业的、可操作的方法和理念，对书中指出的留守儿童面临的各种危险性因素，提出具体的解决对策，以期对解决我国留守儿童问题、推动留守儿童社会服务有所裨益。

一、社工介入留守儿童的理念

本书以优势视角为基本视角，最大限度地挖掘留守儿童的优势特质。优势视角包括赋权、抗逆力以及整合三大核心理念。

(一)赋权——实现助人自助的理念

赋权是指社工帮助留守儿童挖掘潜在资源并链接周围资源的过程,使留守儿童在社工缺席的情况下仍然能够独立解决问题,而不仅仅是帮助儿童获得物质利益。

(二)抗逆力——挖掘潜在的优势

抗逆力是指留守儿童在面对逆境风险时表现出的适应力。儿童的抗逆力表现在认知、情绪、行为以及学习上。首先表现为认知上能够正确理解父母外出打工的意义,以及在心理上认为自己与非留守儿童身份无异;其次在情绪上能够适当地发泄自己的负面情感,不会过度隐藏自己内心所想,从而表现得孤僻;再次在行为上表现为与非留守儿童相比,具有较高的独立自主能力;最后在学习上能够有较大的动力追求好成绩。

(三)整合——适应新的社会环境

环境系统对留守儿童具有较强的影响,父母外出打工已成既有事实,但这并不意味着儿童只能被动地接受这个事实,相反,他们可以主动地适应新的社会环境。

二、善用社工工作方法

在提升儿童抗逆力的过程中,可以使用社会工作的直接工作方法即个案工作、小组工作以及社区工作方法。

(一)个案工作方法

针对具有心理问题,甚至具有偏差行为的儿童进行个案访谈,首先与儿童建立良好的专业关系,其次与之一起探寻表层现象的深层次原因,梳理问题发生的前因后果以及相互作用,对症下药,制定实施个案具体干预计划。又如需要心理辅导时,社会工作者可扮演咨询者,抑或是将其转介给专业的心理咨询师。

（二）小组工作方法

人际关系的协调与否是儿童抗逆力优劣的重要表现之一，社会工作者通过建立同质小组开展活动，让留守儿童在活动中学会换位思考并提升交际能力。或对具有心理问题，例如自我认知不恰当的儿童开展支持小组，协助儿童准确定位。

（三）社区工作方法

社会工作者应注重社区资源的调动。例如可以建立"代理家长"（退休教师、社区爱心人士）、社区各种公益组织（妇联组织、共青团组织、社会慈善机构）的动员、社区内居民的互助等。

三、社工介入留守儿童的过程

（一）解构问题——问题本身不是问题

"问题本身不是问题，如何看待问题才是问题"，这点类似于萨提亚家庭治疗模式，"留守"只是一种对客观生存状态的表述，不能因"留守"就被贴上负面的标签，这也正是优势视角与问题视角的区别所在，优势视角将留守逆境看作挑战自我的机遇，从而奋发向上，实现自我，而问题视角又称为缺陷视角，其强调的是儿童因留守逆境所产生的问题。

（二）建构意义——挖掘留守事件背后的积极意义

留守一事既是机遇，也是挑战，留守儿童由于自身的经历会具备一些优势特质，在问题视角看来，留守儿童具有较强的无力感以及挫折感，这无疑与优势视角遵循的原则是背道而驰的，我们要做的是挖掘留守儿童的优势特质，并充分利用。

（三）重构生活——从问题走向回归

在优势视角的理念下，介入范式从治疗范式转变为建构范式，社会工作者需要从内外两个系统对儿童的抗逆力进行提升，从内部系统来看，需要促进留守儿童生活技能的提高，从外部系统来看，需要增加儿童与社会资源的链接，构建社会支持网络。在资源网络中，父母的角色至关重要，虽然不能长期陪伴在子女身边，父母的关爱也会极大缓解不良情感，给予正向补偿功能，使其在遇到挫折或困难的时候展现心理调节能力和应变能力，能够更好地适应留守生活，提高抗逆力水平。

总之，社会工作坚持"助人自助"专业价值理念，这将有别于传统的"输血"式服务，而加之以更加人性化、专业化、科学化的"造血"式服务。在提供具体的、可见的、有形的服务基础上，社工干预模式更注重探寻留守儿童自身的潜能，通过协助留守儿童认识到自己的潜能，再利用各种专业的服务方法激发留守儿童的潜能，从而提高留守儿童的社会适应能力，使其更加和谐地融入社会，并在此基础上促进社会秩序的良性运行和协调发展。

社会转型是不可逆转的历史潮流，留守儿童是工业化、城镇化发展过程中伴生的群体之一。他们的父母对经济发展具有极其重要的推动作用，而很多父母在进城务工的同时无法解决孩子进城需要面对的日常照料、借读学费、生活条件等问题，于是他们不得已将儿童交给祖辈代为照看，由此形成父母与子女两地分离的现象。

正如前文所述，大部分留守儿童在情绪、行为、能力以及学习等方面确实存在某些非留守儿童自身不具备的优势特质。因此，对于留守儿童的相关问题，我们既不能过分夸张留守对儿童的不利影响，也不能忽视这一特殊群体身上所具备的优势特质。农村留守儿童问题的出现是多种因素交互作用的动态结果。因此需要在农村形成合力，多方关注，共同努力，为留守儿童抗逆力的生成创造良好的环境和条件，共同携手促进留守儿童的健康成长。

04

第四章

社会工作与青少年健康服务

第一节

青少年的特征及其行为

青少年时期是个体人格塑造的重要时期，是个体社会化的重要时期，同时也是一个矛盾期。青少年在青春期有神经系统发速发育、内分泌发展、机能趋于成熟、第二性征出现等生理特点。生理的变化促使心理变化的产生。青少年们处于孤独与交往、独立与依赖、情绪与理智、幻想与现实等矛盾中。青少年智力发展显著，自我意识增强，对自我的评价不稳定，希望获得他人的认可，但辨别能力不足，容易受到环境的影响。青少年不会轻易向他人吐露自己的烦恼，倾向于自己独立解决问题，情绪波动大，更容易陷入低落情绪。受生理心理等方面的影响，青少年有区别于其他年龄群体的独特行为。

一、青少年越轨及犯罪行为

青少年追求个性，叛逆是青少年越轨行为出现的重要原因。青少年犯罪是世界各国都在关注的问题。青少年辨识能力弱、自我意识强烈、社会信息复杂等是青少年犯罪的重要因素。青少年犯罪呈现出低龄化、团体化、盲目性的特点。

二、青少年恋爱行为

青春期荷尔蒙的分泌直接激发青少年的恋爱兴趣，促使恋爱活动的发生。青春期恋爱行为往往会与青少年学业产生冲突，引发青少年家庭及学校的关注。不恰当的处理往往会对青少年造成负面的影响。

第二节

青少年健康问题及其需求

青少年是祖国的未来，青少年的健康关乎国家未来。青少年健康问题受到全社会关注。青少年的健康问题可以分为生理健康问题和心理健康问题。

一、生理健康问题

（一）体质问题

根据《教育部关于 2010 年全国学生体质与健康调研结果公告》显示：我国青少年学生身体素质持续下降，而下滑的主要身体素质指标包括力量、速度、爆发力、耐力等，超重、肥胖、龋齿、近视等问题越来越多地发生在未成年人的身上。研究显示，我国青少年在速度、耐力、爆发力三个身体指标上有所下降。速度、耐力、爆发力是衡量个人体质的重要指标。青少年长期久坐，缺乏体育锻炼，体质下降，较容易出现免疫力下降、骨质疏松、脊柱侧弯、肩颈疼痛等健康问题。

（二）近视问题

我国青少年视力问题严重，据国家卫生健康委员会数据显示，2020 年 9 月到 12 月国家开展近视专项调查，覆盖全国 8 604 所学校，共筛查 247.7 万名学生。调查结果显示：2020 年，我国儿童青少年总体近视率为 52.7%，较 2019 年上升 2.5 个百分点，较 2018 年下降 0.9 个百分点；其中 6 岁儿童为 14.3%，小学生为 35.6%，初中生为 71.1%，高中生为 80.5%。近视低龄化问题突出。青少年不断增加的电子屏幕使用时间加剧了青少年近视问题。当前，超半数的青少年存在近视问题，已严重影响我国青少年的健康生活。

（三）肥胖及心血管问题

《中国居民营养与慢性病状况报告（2015）》数据显示，我国 6 到 17 岁儿童、青少年超重率和肥胖率分别为 9.6% 和 6.4%。研究表明，肥胖与心血管疾病相关。超重和肥胖儿童发生高血压的风险分别是正常儿童的 3.3、3.9 倍。我国儿童、青少年肥胖问题较为严重。根据《中国居民营养与慢性病状况报告（2020 年）》数据显示，2012 年至 2020 年期间我国 6 至 17 岁儿童、青少年的超重肥胖率由 16% 增长到 19%，另外随着生活水平的提高和生活方式的改变，饮食结构发生变化，导致慢性病低龄化趋势明显。而据世界卫生组织统计，大约 90% 的肥胖儿童会发展成为肥胖成人，而 43% 的高血压儿童会发展成高血压病人，如果按照目前我国儿童、青少年超重率、肥胖率的增长趋势以及慢性病的低龄化趋势，我国未来 20 至 30 年的慢性病人数将会呈爆发式增长。

针对以上几个方面的健康问题，应当通过家庭、学校、社会等方面合作，加强青少年体育锻炼意识，提高健康意识，增加青少年锻炼时间，注意用眼习惯，保护视力。

二、心理健康问题

青少年阶段受生理发育、学业压力、社会环境等多方面的影响，是心理问题的易发时期，青少年心理疾病的发病率高达 24.6%。青少年的心理健康问题主要表现为抑郁倾向、焦虑倾向、人际交往困难、家庭关系不良、成瘾性问题等。应当加强青少年心理健康教育，普及心理卫生知识，重视青少年心理健康需要，帮助青少年实现自我同一，促进青少年心理健康成长。

第三节

青少年社会工作的含义及理论基础

按照中华人民共和国国家标准《青少年社会工作服务指南》的定义，青少年是指年龄范围为 6~35 周岁的人。本章通过文献梳理和综合考虑各个年龄群体的特征，将 14~25 岁年龄群体作为本章的主要研究对象。青少年社会工作是社会工作的重要组成部分。青少年社会工作以青少年发展理论和青少年偏差理论为理论基础。青少年社会工作运用专业的理论方法和技巧，根据青少年的生理、心理特点，坚持主体性、发展性、整体性的原则，坚持尊重、平等、关爱的态度，从青少年的角度出发看待问题，通过个案工作、小组工作及社区工作等直接工作方法和社会工作行政、社会政策及社会工作研究等间接方法，帮助他们走出困境，健康成长，发展自我，适应社会。

　　青少年社会工作的起源可以追溯到十七世纪,在英国伊丽莎白女王 1601 年颁布的《济贫法》中，青少年是救济的重要对象。二十世纪初，青少年社会工作进入专业化发展阶段，学校是青少年社会工作的重要领域。伴随着社会工作的专业发展及对青少年的专业研究,青少年社会工作不断走向专业化和职业化。

第四节

青少年社会工作的基本内容和方法

　　青少年社会工作服务的主要内容有促进青少年成长发展、维护青少年合法权益、预防青少年违法犯罪等，青少年社会工作综合运用个案工作、小组工作和社区工作方法，采取危机介入、家庭治疗、外展服务、历奇辅导、朋辈辅导、向导服务等针对青少年的特殊介入方法，为有需要的青少年提供服务。

一、危机介入

　　危机介入是指通过多专业合作的方式，实施紧急干预策略，通过紧急的介入，改变青少年对当前问题的认知，帮助青少年脱离极端困境。主要针对可能危及青少年自身和他人生命安全的问题，为青少年进行综合援助，挖掘个人潜力，促进个人发展。

二、家庭治疗

　　家庭治疗以家庭为单位，能够促进家庭系统的改变，改变青少年的成长环境；改善并重建青少年和家庭成员之间的关系，促进家庭成员共同成长，实现家庭成员的良好互动。

三、外展服务

外展服务是指深入青少年经常出入的场所，了解青少年面临的需求和问题，防范可能的风险，主要面向很少参与主流青少年活动并易受影响的青少年。从青少年的兴趣着手，主动接触，了解他们的需要和问题，影响和帮助青少年，给予他们关怀和关心，帮助青少年健康成长。

四、历奇辅导

历奇辅导是指带领青少年进入新环境冒险，通过进行实景体验，促进青少年自我觉醒与自我探索。在新奇的环境中，通过学习成功的经验，鼓励青少年在实践中寻找人生价值和意义，培养解决问题的能力，主要能够帮助青少年树立自尊心、自信心，培养领导能力、协作能力，启发好奇心、探索力。

五、朋辈辅导

朋辈辅导是指为志同道合、年龄相当的青少年创造合适的互助机会。同辈群体有着相似的价值观念、生活方式以及共同的问题，彼此间相互帮助，相互支持，建立支持网络，主要帮助青少年改善关系、建立支持系统。

六、向导服务

向导服务是指由专业的志愿者为青少年提供"一对一"的长期陪伴，主要适用于引导青少年树立正确的世界观、人生观、价值观，培养积极良好的生活习惯，提升幸福感。

第五节

社会工作介入青少年健康服务的实务探索

一、背景介绍

高三是一个特殊的时期，学生从高二升入高三，需要做出一些努力来适应高三生活。由于进入新的班级，面对新同学，学习压力突然增大等原因，所以，学生们需要一段时间来适应高三生活，从心理和身体上与高三学生这个角色相融合。这也导致部分学生出现适应不良的反应，对高三生活产生抵触的心理。在小组活动前期，通过与组员的访谈和对组员的调查问卷，总结出组员的问题主要是不适应高三的学习节奏，学习压力增大，不自信，对未来处于迷茫的心态。为了帮助这些同学尽快适应高三生活，适应高三学习节奏，对自我有明确的认知，树立清晰的学习目标，社会工作者计划展开帮助高三新同学的成长性小组。

二、分析预估

（一）问题分析

社会工作者通过分析与服务对象的访谈内容和调查问卷，总结出以下问题。

1. 不适应高三的学习节奏，学习压力增大

由高二升入高三后，学习节奏加快，老师的讲课速度加快，学习难度也加大，学生不适应高三的学习节奏，压力倍增。

2. 自我认知模糊

青少年渴望得到认可，高三紧张的学习生活往往令他们的目光聚焦在学习上，忽略其他，学习上的受挫会使学生产生不自信、自卑的心理，对未来没有清晰的认识，非常迷茫。

3.人际关系需求

由于高三学习压力大,其他的同学都忙于学习,服务对象没有人可以倾诉。

4.家庭关系疏离

长期在学校与家人沟通少,和父母存在代沟,认为父母无法理解自己。对父母持有一种矛盾的态度,既希望达成父母对自己各方面的要求,又渴望脱离父母管教。

5.身体健康问题

高三学生长期伏案学习,肩颈僵硬,眼睛近视程度加深,压力也对肠胃造成了一定的影响,需要增加体育锻炼时间。

(二)需求预估

(1)服务对象需要适应高三的生活,适应高三的学习节奏,从心理上接受高三学生的角色。

(2)服务对象需要正确地认识自己,有清晰、明确的自我定位,树立切实的学习目标,挖掘其潜能,通过高三的学习,走向明亮的未来。

(3)服务对象需要与其他同学和老师沟通交流,建立良好的人际关系,对新班级产生信任,消除疏离感,真正融入新的班集体。

三、服务计划

(一)小组资料

小组名称:无畏少年,迎风飞翔——学生成长小组。
小组性质:成长性小组。
小组对象:实验中学5名高三学生。
小组时间:2020年9月15日至2020年10月30日,共5次活动。

（二）介入理论

1. 马斯洛的需要层次理论

社会工作者要关注服务对象多方面的需求，其中要重点关注服务对象的归属需求、尊重需求和自我实现的需求。帮助服务对象与老师、同学们和家人等建立起亲密的良好关系，加强彼此之间的联系。帮助服务对象增加与同学的交往机会，支持、鼓励服务对象积极寻找、建立和谐、温暖的人际关系。帮助服务对象实现自我尊重，建立起较强的自尊感，树立信心，相信自己的力量和价值，增强做事的自信心。帮助服务对象发展良好的人际关系。帮助服务对象充分挖掘自己的潜能，不断提升自己的能力，使自己的能力发挥到最大化。

2. 镜中我理论

进入新学期，服务对象的自我观念是在家人、老师和同学的评价中形成的。在小组中，服务对象通过彼此的观察、了解、学习，感知他人对自己的反馈和评价，建立正向的自我意识、自我形象和自我评价。组员之间亲密接触，建立伙伴关系，形成亲密的、面对面的交往以及直接互动和合作的小组，反过来增强各个组员的人际关系能力和对新生活的适应能力。

3. 增能视角

服务对象刚进入新的学习氛围和新环境，他们个人的无力感是由于新环境的压迫产生的。而造成这种无力感的原因主要有三个：一是服务对象的负面自我评价；二是服务对象缺乏正向的反馈；三是现实的高压环境使服务对象难以有效地在新的学习环境中适应改变。服务对象是有能力、有价值的，社会工作者要做的就是发现、挖掘他们的能力和价值。

4. 互动小组模式理论

小组的目标在于形成小组成员之间的影响，给予彼此情感上的支持。我们希望小组成员尽可能地参与到小组中，让每一个成员充分地在小组中展现自我，并看到他人，从而获得心理上的支持，端正学习态度与学习行为，调动组员的创造力，从而解决其个人的问题。服务对象必须从集体中学习，与其他同学相互影响、互相学习、相互帮助。学习和课余活动之时要注重情感的交流，敞开心扉，提出自己的危机和困难，共同解决。

5. 场域理论

场域理论认为每个人的行动均被行动发生的场域影响，因此，社会工作者要让服务对象了解到他们自身的状况是被新的学习环境影响的，也包括他人的行为以及与此相连的许多因素。本小组想要通过个人、小组和中观、宏观环境之间的互动影响，达到减轻小组成员压力，实现小组成员自我提高的目的。同时小组成员之间是互动的，通过小组成员之间的互帮互助，能够达到改变的目的。并且，社会工作者要重视并创造一个对小组成员有正向影响的场域空间，从成员的需要出发，鼓舞小组成员，缓解小组成员的情绪，营造和谐的小组氛围。

6. 霍尔复演论

青年期的情绪不稳是正常现象，高中的学生还处于一种生理尚不成熟的状态，再加上学校比较单纯封闭的环境，视野比较局限，情绪波动大，容易陷入悲观消极的情绪。社会工作者要帮助组员认识到当前的状态，帮助他们走出思维的困境，拓宽视野，以不同的视角来审视自己面临的问题，从而跳出当前局面，实现发展能力、塑造健全人格的目标。

四、服务目标

（一）总目标

帮助组员顺利度过困难期，平稳进入高三生活。

（二）具体目标

（1）小组初期：小组成员相互熟识，建立小组期望和规范，形成小组成员间彼此的信任和认同。

（2）小组中期：促使小组成员对小组有更多归属感，解决可能的小组冲突。

（3）小组成熟期：利用和谐的小组关系和小组氛围帮助成员减轻压力，重新认识自我，发展能力，实现更好的自我。

（4）小组结束期：准备结束小组关系，处理好组员的分离情绪，巩固已经达成的成果，评估整个小组过程。

五、成员招募

（一）招募对象

实验中学高三学生。

（二）招募方法

（1）通过张贴海报宣传小组，吸引组员自愿参加。

（2）班主任推荐组员参加小组。

（3）社工主动发现合适的小组成员。

（三）招募文

无畏少年，迎风飞翔——成长小组

在高三的开始，我们即将成立一个小组，希望通过这个小组帮助有需要的同学。下面是我们的小组介绍：

（1）小组的名称是无畏少年，迎风飞翔——成长小组。

（2）小组的目标：通过与同龄人的互动，减轻高三压力，提高自我。

（3）小组报名时间：2020 年 9 月 6 日至 12 日。

（4）小组活动时间：2020 年 9 月 19 至 10 月 30 日，每周末开展一次活动，共五次活动。

（5）小组报名方式：联系学校社工，电话××××××××××××；到学校综合楼办公室咨询报名。

（四）招募筛选

通过海报等方式，共招募到 10 人，经过面谈了解各位同学的情况后，我们决定吸纳 5 人进组。下面是简要的组员资料。

静静：性别女，年龄 18 周岁，就读于实验中学高三 5 班，成绩优异，性格文静，平常乐于助人，比较有责任感。她喜欢画画和写字。升入高三后，情绪较为紧张，经常情绪失控，崩溃大哭，有失眠的情况，存在轻微的厌学情绪。

她非常想要解决目前面临的问题，主动加入小组，寻求解决的方法。她父母在家务工，有一个弟弟，家庭经济状况一般。平时父母对服务对象的生活缺乏关照，但对其成绩要求较高。她和父母沟通也比较少，比较内向，有两三个关系比较好的朋友，主要精力还是放在学习上，人际活动较少。

乐乐：性别女，年龄18周岁，喜欢看小说和写作，就读于高三4班，性格内向，升入高三后，情绪低落，不自信，经常有担忧恐惧心理，成绩不稳定，有一定程度下滑，存在失眠情况，经班主任介绍后，决定加入小组。她父母常年不在家，跟着奶奶生活，家庭经济状况一般，有一个上大学的哥哥。乐乐不怎么与家人沟通学校里的问题，也不希望家人为她的情况担忧；寡言少语，很少参与人际活动，学习比较努力认真，与老师沟通交流较少。

小迪：性别女，年龄18周岁，就读于高三6班，性格活泼，喜欢讲话，梦想是当一名老师。成绩稳定，平时也比较努力，但是缺乏自信，经常说类似“一定要复读一年，想要再读一年高中，不想上大学”的话，对未来有逃避情绪。她母亲希望她做出改变，了解小组后，加入小组。小迪是独生女，母亲是老师，家庭经济状况良好，母亲非常关心服务对象的情况，服务对象也经常与她进行沟通。她热爱人际活动，朋友很多，同大家的关系都非常好，积极参加班级活动。

小昊：性别男，年龄18周岁，高三1班，性格开朗，成绩优异，乐于助人，喜欢体育锻炼，喜欢阅读英文杂志。升入高三后，小昊成绩下降，对未来非常迷茫，甚至放弃学习，沉迷于课外爱好当中。班主任推荐其加入小组。他家庭情况良好，有一个姐姐，一家人对其非常关心，非常希望他能有一个好成绩。小昊人际状况良好，乐于参与人际活动。

小明：性别男，年龄18周岁，高三7班，喜欢体育运动和打游戏，之前成绩不太理想，进入高三后，积极学习，却没有方法，非常苦恼，经常愁眉苦脸，唉声叹气，感觉压力非常大，甚至食不下咽。他希望加入小组进行学习。父母在家务农，家庭经济来源较少，有一个妹妹。他与家人沟通较少，因为成绩不好，父母经常责备他，认为他不务正业。小明人际状况较好，平常比较幽默，经常帮助同学老师，大家对其印象都比较好。

六、服务计划及实施过程

（一）服务计划

无畏少年，迎风飞翔——成长小组计划如表 4-1 所示。

表 4-1　无畏少年，迎风飞翔——成长小组计划

活动单元	小组活动时间	小组活动地点	目的	活动内容
第一期	2020 年 9 月 19 日	小组活动室	组员之间相互认识	游戏 "Give me ten" 和 "放飞机"
第二期	2020 年 9 月 26 日	小组活动室	减轻组员进入高三的压力，抒发组员情绪	"老虎老鼠" 情绪寻实游戏 "火山爆发"
第三期	2020 年 10 月 10 日	小组活动室	帮助组员重新认识自己	看手掌，齐拍手 自我解剖 我还能做什么
第四期	2020 年 10 月 17 日	小组活动室	发展组员能力	影子舞 同心园地 "我有一个梦"
第五期	2020 年 10 月 24 日	小组活动室	回顾反思，结束小组	"一分五毫" 回忆分享

（二）具体安排

1. 第一期

第一期活动安排如表 4-2 所示。

表 4-2　第一期活动安排

主题	目的	内容	时间	准备工作
开始	社工向成员介绍小组的目的和内容	1. 社工向小组成员介绍自己 2. 社工向小组成员介绍小组的目的：帮助小组成员顺利进入高三生活 3. 向小组成员大致介绍今后的活动安排及内容	5 分钟	

续表

主题	目的	内容	时间	准备工作
热身	减少成员间的陌生感,活跃气氛	"Give me ten"	10分钟	
成员介绍游戏	成员间相互认识	"放飞机"	20分钟	一些纸
制定小组契约	订立小组规则	给小组成员分发小组规则的模板,由小组成员共同讨论制定最终的小组契约(附表)	10分钟	提前打印好小组规则的模板
结束	总结并约定下一次活动	1. 由社工总结此次活动的收获 2. 约定下一次活动的时间和地点 3. 请组员记录自己日常的表现(附表)	5分钟	记录清单

服务过程记录:

聚会次数:1次。

出席人员:社工小英;静静、乐乐、小迪、小昊、小明。

缺席人员:无。

本次聚会的目标:

(1)成员之间、成员与工作人员之间相互认识。

(2)澄清小组的目的、目标和期待。

(3)协商制定小组契约。

(4)收集成员反馈的信息。

本次聚会对个别人的目标:无。

本次遭遇的主要障碍:第一个环节是热身小游戏,大家通过击掌打破了陌生人之间的界限,气氛变得更加和谐。接下来大家通过纸飞机游戏认识彼此,知道了彼此的姓名和爱好,社工和大家约定要记住组员的名字。社工临时决定要通过游戏来帮助大家记忆彼此的信息。随后进行了五分钟的"萝卜蹲"游戏。通过游戏，大家能够熟练地叫出彼此的名字。在下一个环节，组员们一起讨论接下来的小组规则。组员一开始不知道发言方向，社工拿出提前准备好的小组规则的模板，给组员们提供参考。小组成员积极讨论，定下了 8 条小组规则。在这个过程中静静和乐乐发言较少。

反思：社工对本次活动的时间把握不太准确，临时决定开展活动，计划不够周密。在接下来的活动中社工要更加关注比较内向的同学，引导她们积极发言，鼓励她们发言。同时也要鼓励其他组员，充分调动大家的积极性。

工作者对本次聚会的分析和评价：

为本次聚会的效果打分（满分 5 分）：3 分。

社工可提高的方面：面对冷场，社工可以更加灵活地处理，可以做一个示范者，为成员做出示范，或者开一个玩笑缓解气氛。

2. 第二期

第二期活动安排如表 4-3 所示。

表 4-3　第二期活动安排

主题	目的	内容	时间	准备工作
开始	介绍本次活动的内容	1. 社工带领大家回顾上一次活动 2. 社工简单介绍本次活动的内容 3. 请组员上交记录清单	5 分钟	
热身	快速进入小组气氛	"老虎老鼠"	5 分钟	
减压	减轻小组成员压力	情绪寻实游戏 要点： 1. 引导组员发现有不愉快情绪是正常的 2. 引导组员进行分享	20 分钟	大纸一张，上面写有愉快情绪、不愉快情绪 不同颜色的纸一套

续表

主题	目的	内容	时间	准备工作
减压	减轻小组成员压力	瑜伽学习活动 要点： 1. 提醒组员量力而行，不要强行尝试比较难的动作，要循序渐进 2. 讲清楚瑜伽的作用 3. 提前告知组员这次瑜伽活动，询问组员是否方便参加	30分钟	提前约好学校瑜伽老师；准备一些垫子
结束	总结并约定下一次活动	1. 由社工总结此次活动的收获 2. 约定下一次活动的时间和地点	5分钟	

聚会次数：2次。

出席人员：社工小英、瑜伽老师李老师；静静、乐乐、小迪、小昊、小明。

缺席人员：无。

本次聚会的目标：

（1）促进组员对小组规范的认同，增强小组凝聚力。

（2）鼓励小组成员积极参与活动，通过小组分享了解同辈群体的情况，了解自己当前真正的境况，同时帮助成员厘清当前的压力来源，共同面对压力。

（3）发掘小组领导人。

总结与反思：社工带领大家简要回顾上一次的小组活动，请大家分享在上一次活动后的收获，并上交记录清单。大家都说认识了新的朋友。本次活动的热身游戏是"老虎老鼠"，游戏使得气氛很热烈。在情绪寻实环节，虽然大家积极发言，但是没有触及内心真正的担忧。社工分享了自己高中时的事情做示范后，小迪第一个发言。大家逐渐打开心扉。下一个环节社工向大家询问是否对瑜伽有一定的了解，然后向大家介绍了瑜伽老师李老师。大家对新事物接受得比较快，对瑜伽的学习非常有热情。最后社工布置活动结束后的作业：请大家坚持瑜伽训练，仔细感受并记录瑜伽对身体的影响，尤其是对肩颈和心情的影响。

本次聚会对个别人的目标：无。

反思：社工应在以后的活动中充分挖掘学校的潜在资源，为小组成员提供更加多样化的帮助。社工认为小迪具有领袖的气质，社工和她约定之后谈话，希望她能在以后的活动发挥表率作用。

工作者对本次聚会的分析和评价：

为本次聚会的效果打分（满分5分）：4分。

社工可以提高的方面：对大家可以进行更有针对性的鼓励。

3. 第三期

第三期活动安排如表4-4所示。

表4-4 第三期活动安排

主题	目的	内容	时间	准备工作
开始	介绍本次活动的内容	1. 社工带领大家回顾上一次活动 2. 社工简单介绍本次活动的内容	5分钟	
热身	快速进入小组气氛	看手掌，齐拍手	5分钟	
重新认识自我	帮助成员重新认识当前所处的环境及自己的能力	自我解剖 要点： 1. 引导组员敞开心扉 2. 引导组员发现并不只有自己面临困境 3. 注重积极地交流分享	20分钟	纸笔桌椅
		我还能做什么 要点： 1. 引导组员尽可能地罗列自己的优势，发现自己的长处 2. 打破思维定式 3. 引导成员分享	20分钟	纸和笔
结束	总结并约定下一次活动	1. 由社工总结此次活动的收获 2. 约定下一次活动的时间和地点	5分钟	

聚会次数：3次。

出席人员：社工小英；静静、乐乐、小迪、小昊、小明。

缺席人员：无。

本次聚会的目标：

（1）再次强调小组目标。

（2）增进成员之间的了解，增强小组凝聚力；引导组员敞开心扉，重新认识自我。

（3）解决小组中可能的冲突，推动小组进入成熟阶段。

本次聚会对个别人的目标：引导比较沉默的静静和乐乐更多地参与到小组活动中。

总结与反思：

总结：社工引导大家回顾上一次的活动，请大家分享这段时间坚持做瑜伽的感受。大家感觉身体情况有一定的改善。热身环节的游戏是"看手掌齐拍手"，没有达到想象中热身的效果。社工希望为接下来的活动营造一个良好的氛围，因此选用了一个备用游戏：两人三足游戏。社工将小迪和乐乐分为一组，小昊和小明分为一组，社工和静静作为一组。社工讲解规则，规定五局三胜，并提醒组员注意安全。在第一轮游戏时大家明显配合得不太默契，经过几轮游戏后，大家默契十足，很快找到了方法，非常投入游戏，气氛重新活跃了起来。在自我解剖环节，小组的领导者小迪首先发言，比较沉默的静静也主动发言。社工请发言较少的小明和乐乐分享他们的感悟。乐乐表示：一直以为只有自己焦虑，只有自己有这么多烦恼，原来大家都有烦恼，只是处理的方式不同。下一个环节社工请大家尽可能地罗列自己的优点。社工观察到小明不动笔，立即补充了一条规则，请写出小组中其他成员的优点。在之后的分享中，小明说我没想到自己有这么多的优点，总是觉得自己干什么都不行。

反思：小组活动的设计应该更加符合青少年的行为特点，设计一些能够动起来的活动。应该密切关注组员的行为、情绪变化，避免组员的积极心态受打击，及时鼓舞组员，帮助组员建立自信。

工作者对本次聚会的分析和评价：

为本次聚会的效果打分（满分5分）：4分。

社工可以提高的方面：社工应更少发言，鼓励组员多表达自己，敞开心扉。

4. 第四期

第四期活动安排如表 4-5 所示。

表 4-5　第四期活动安排

主题	目的	内容	时间	准备工作
开始	介绍本次活动的内容	1. 社工带领大家回顾上一次活动 2. 社工简单介绍本次活动的内容	5 分钟	
热身	快速进入小组气氛	三人夹球跑要点： 1. 引导组员互助，形成密切的小组关系 2. 提醒组员注意安全	5 分钟	气球
增能	发展成员面对困境的能力，增强他们的自信心	"同心园地" 要点： 1. 要使成员能够敞开心扉 2. 要充分调动大家的思考能力 3. 尽量引导所有成员发言	15 分钟	一张大海报（画上烦恼分区），每人四张小纸条，笔
		"我有一个梦" 要点： 1. 使成员保持注意力的集中 2. 保持场地的安静	20 分钟	笔和纸，几曲轻松的纯音乐
结束	总结并约定下一次活动	1. 由社工总结此次活动的收获 2. 约定下一次活动的时间和地点 3.请成员记录自己的日常表现	5 分钟	记录清单

聚会次数：4 次。

出席人员：社工小英；静静、乐乐、小迪、小昊、小明。

缺席人员：无。

本次聚会的目标：

（1）帮助组员发展能力，实现更好的自我，促进小组目标的达成。

（2）社工为小组结束做出准备，降低在小组中的存在感。

（3）充分发挥小组领导者的作用，促使小组成员更加紧密地联系在一起，发挥小组最大的作用。

本次聚会对个别人的目标：

（1）解决静静、乐乐与家人之间的沟通问题，缓解其焦虑情绪。

（2）帮助小明和小迪解决学习问题。

（3）增强小昊的责任感。

总结与反思：

总结：社工请小迪带领组员回顾上一次的小组活动，分享近期的变化。小迪第一次主持会议，有些手忙脚乱，场面有些混乱。社工示意暂停，临时为小迪进行了指导后，社工鼓励小迪继续主持会议。在"同心园地"和"我有一个梦"的环节后，组员们相互了解了彼此的问题，大家一起思考，共同努力。问题大致分为家庭中的问题带来的压力，学习本身存在的困难，对未来迷茫缺乏信心等几类。为了解决这些问题，大家积极地讨论。小迪和小昊分享他们和父母之间如何相处，怎样处理与父母之间的矛盾，帮助其他组员增加与家人相处的经验。小昊积极地提出可以辅导小迪和小明学习，静静和乐乐也表示愿意帮忙。在小组活动快要结束时，社工提示大家还有一次活动就要结束小组了，是否能请一位家人或者朋友一起参加下一次的小组活动，大家都表示愿意。本次小组活动结束后，社工为小明联系了一位数学老师，帮助他学习。

反思：小组成员已经具备一定的自我组织能力，社工应当进一步淡化在小组中的存在感。应当提前对小组的领导者进行训练，尽量避免场面混乱导致领导信心的丧失。

工作者对本次聚会的分析和评价：

为本次聚会的效果打分（满分5分）：4分。

未来计划：本次活动结束后，与小组成员的家人朋友进行谈话，邀请他们对成员进行评价。

5. 第五期

第五期活动安排如表4-6所示。

表 4-6 第五期活动安排

主题	目的	内容	时间	准备工作
开始	介绍本次活动的内容	1. 社工带领大家回顾上一次活动 2. 社工简单介绍本次活动的内容	5 分钟	茶水，零食
热身	快速进入小组气氛	"一分五毫"	5 分钟	
回忆及分享	巩固活动的成果	1. 由社工首先分享印象深刻的回忆 2. 邀请成员们各自分享 3. 请到场的朋友分享	20 分钟	相机，便签
	加深活动的影响	请成员们分享这 5 次活动的收获以及未来的计划	20 分钟	
结束	总结小组经验，并改进活动	1. 社工总体总结 2. 邀请成员填写评价表（附表） 3. 正式告知成员小组结束	10 分钟	准备好评价表

聚会次数：5 次。

出席人员：社工小英；静静及母亲、乐乐及朋友、小迪及母亲、小昊及朋友、小明及父亲。

缺席人员：无。

本次聚会的目标：

（1）引导成员处理分离情绪，巩固达成的成果。

（2）请成员进行评估。

本次聚会对个别人的目标：无。

总结与反思：

总结：在小组活动开始前，与组员的家人或朋友进行了谈话，了解组员这段时间的变化，请他们在接下来的活动中分享这些变化。经过简单的热身游戏后，社工对这几次活动做了总结，肯定了每一位组员在这段时间的变化，鼓励组员继续努力。家人朋友的反馈对组员有明显的积极作用，组员们觉得自己的努力得到了肯定。成员们分享了彼此未来的计划，社工提议他们彼此监督，完成计划。分享环节结束后，组员们表示不想结束小组，尤其是静静的情绪比较激动，社工对其进行了安抚。社工告诉大家以后大家也可以见面，现在大家可以给每个人都写一句祝福语，然后大家一起拍照留念。最后社工引导填写评价表，并约定后续回访。

反思：应该为最后一次活动做更加充分的准备，前期的分离铺垫没有做好。

工作者对本次聚会的分析和评价：

为本次聚会的效果打分（满分 5 分）：4 分。

（三）回访阶段

对静静本人回访：静静自述现在心情不是太焦虑了，晚上睡眠也很好，已经能够安心投入学习中去了。

对乐乐的班主任回访：乐乐最近开朗了很多，甚至经常去问老师问题，也经常看到她和同学讨论问题，虽然还是不怎么参加集体活动，但确实有了改变。

对小迪的母亲回访：小迪最近改变了很多，终于不再说那些丧气话，现在也经常和我讨论未来想要上哪所大学，学什么专业，还要求我不要再用老眼光看她，说她现在已经脱胎换骨了。

对小昊的朋友回访：小昊最近又是以前的小昊了，虽然还是放不下他那些小爱好，但是终于又提起了学习的劲头，不再整天浑浑噩噩了。

社工分别为五位成员做了回访，了解到大家的情况虽然有一定的反复但总体是正向发展。只有小明的情况比较严重，社工与他约定进行一次谈话。

谈话记录：

社工：最近怎么样，听老师说你的成绩有了很大的进步。

小明：是有了一些进步，但我觉得……（低头犹豫）

社工：你想进步得更快，对吗？

小明：确实是这样，我总觉得时间不够用了。

社工：什么时间不够用了？

小明：马上就要高考了，我觉得我努力没有用了，我想每一次考试都能有很大的进步，我也知道这不可能，我太焦虑了。

社工：这是可以理解的，每个人都希望自己的每一分努力都能得到最大的回报，这是正常的想法。而且你的努力也是有回报的，不是吗？你的成绩进步了一百多分，这是多大的进步啊。

小明：是这样没错，但是我还是很焦虑。我最近常常吃不下去饭，晚上也睡得不是太好，白天也没有精力学习。

评估小明的情况后，社工决定把他转介给另一位社工，由另一位社工来为他提供个案服务。

七、评估

社工在介入后对五名学生的状况进行基本的评估。评估执行主体：社会工作者。

（一）评估指标

（1）五名案主活动的表现，完成情况，以及满意程度。
（2）是否配备了足够有资质的社会工作人员。
（3）活动过程中的设备是否齐全。

（二）评估方法

1. 基线测量法

对五名案主建立一条对介入行动效果进行衡量的标准基线，也可以以此来收集案主的基本信息和思想状况，并且评估介入前后五名学生的变化，从而判断介入目标的达成程度。在介入过程中，我们采取基线测量的方式对五名案主主动向老师、同学寻求帮助及沟通的次数进行了记录。以案主乐乐为例，在七周内，乐乐主动向老师、同学寻求帮助及沟通的次数分别为：

介入前：0 次、1 次。
介入后：3 次、5 次、4 次、5 次、3 次。
变化情况如图 4-1 所示。

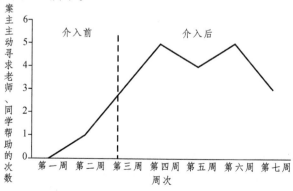

图 4-1　案主主动寻求老师、同学帮助的次数

任务完成情况：在实际活动中五名学生有着各自的具体目标和任务，社工通过 0~5 等级评估任务完成情况，由 0 "没有进展" 到 5 "完全达成"，在此次小组活动的过程中五名成员分别不同程度地完成了自己的任务，因此获得了不同的影响，每项任务得分相加除以总数就可以确定完成或介入行动的成功百分比，案主的任务完成量表如图 4-2 所示。由图 4-2 可见案主在开始时完成任务水平不高，但随着介入时间的加长，案主的完成任务的情况有了明显的改善，但是个别的任务有着一定的波动，如任务 2，任务 2 大致为对社工的信任，随着社工介入案主，案主对于社工的信任发生了波动，由此可见社工对案主的介入过程与处理方法上在中期发生了偏差，但后期回归正常，可见社工对于案主的调节功能加强，双方增进了了解。

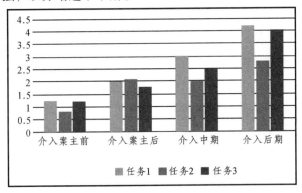

图 4-2　案主任务完成量表

2. 过程评估

在与五名案主进行接触工作的前中期，主要任务在于与案主建立专业的关系，与案主建立信任，从而可以更好地开展工作，通过对案主个人信息与状态的采集，在工作中对社会工作者的专业技巧效用做出评估；社工在结束阶段通过收集服务对象对社工和社工机构的评价来对社工的介入过程和结果进行反思与审视思考，通过制作调查问卷等方式量化社工技巧的适用程度，了解自身的不足与短处，从而进一步优化社工个人的知识结构和能力。

第一次小组活动：游戏 "Give me ten"（热身游戏）能减少成员间的陌生感，活跃气氛。"放飞机" 游戏让大家在纸上写下自己的性格，小组成员之间 "接机"，让组员彼此了解对方的性格特点，打破尴尬局面，活跃气氛，同时也比较符合服务对象的年纪，让服务对象更好地打开自己。

第二次小组活动："老虎老鼠"（热身游戏）能让小组成员快速进入小组气氛，为下面的活动做了铺垫。更加深入了之前小组成员彼此之间的印象和认识。情绪寻实游戏能让大家释放出自己的情绪特点，熟知自己的情绪特性，能让组员发现有不愉快情绪是正常的，引导组员进行分享。简单瑜伽学习通过体育锻炼的方法缓解组员身体上的疲惫，释放压力。简单的瑜伽方便忙于学习的高三学生也能进行简单的锻炼来维持身体健康，同时接触新的知识，拓宽视野。

第三次小组活动："两人三足"（热身游戏）能让小组成员快速进入小组氛围。"自我解剖"和"我还能做什么"活动能帮助成员重新认识当前所处的环境及自己的能力，罗列自己的优势。"自我解剖"游戏能让小组成员发现自己认为极其严重的事可能换个角度看只是一件小事，在组员彼此间的交流中，平衡心境，更好地看清世界本来的面目，从而适应生活。"我还能做什么"游戏让组员们发现了每个人都有自己的能力，有自己独特的闪光点，认识到自己的能力是发展的，不要妄自菲薄。

第四次小组活动："三人夹球跑"（热身游戏）能活跃小组气氛，让小组组员很快地融入自己的团队，增强小组凝聚力。"同心园地"和"我有一个梦"发展成员面对困境的能力，增强他们的自信心。"同心圆地"游戏能解决小组成员共同的烦恼，用脑力激荡法找出解决策略完成问题解答。"我有一个梦"游戏让小组成员叙述自己梦想的细节，通过想象来对未来展开规划，了解到想象和做规划对自己的发展尤为重要。

第五次小组活动："一分五毫"（热身游戏）活跃了小组现场气氛，增强了小组成员的活动积极性。回忆及分享能巩固五期活动的成果，家人和朋友的鼓励对组员有明显的效果，加深了活动影响，帮助小组成员对未来展开规划。

3. 结果评估

总体来说，尽管各个服务对象来自不同的家庭，性格方面也有很大差异，但是从总体来说，这次的服务达到了预期的效果，他们在学习、生活、人际交往方面的态度也有了很大的进步和转变，有足够的信心应对困难和适应学校生活与同学交往，收获颇丰。本次活动历时 45 天，收到了服务对象的一致好评，也可以为社会工作实务研究提供一定数据，有利于促进学校社会工作的开展。

工作结束后，服务对象与之前情况相比发生较大的改变，表现出更强的学习能力、生活能力和交往能力，老师、同学和家人对其转变持赞同态度。

八、专业反思

（一）目标制定

在与服务对象进行工作时，未能以书面的形式制定量化的目标，没有明确我们到底要实现服务对象在多大程度上的转变。只是将其渗透在小组活动的过程以及与服务对象的交谈之中。从而导致在后续的量化评估过程中，由于缺乏一定的标准，在一定程度上影响了评估的客观性、准确性。

（二）社会工作者价值观和专业技能

社会工作者应具备扎实的理论素养、专业的服务理念和娴熟的专业能力，才有可能使得服务对象在社会工作者的引导下认识自我，转变自我，重拾自信。在本案例中，社会工作者由于经验不足，在活动过程中，偶尔有被个别小组成员影响而无法顺利进行活动的情况。社会工作者可以以服务对象的需求为基础，通过一些支持性、影响性技巧，对服务对象表达鼓励和支持，从而帮助服务对象树立自信，勇于表达自我，实现个人的成长。

（三）活动过程

在进行小组活动时，社会工作者是活动的主持人，也是主导者，但值得注意的是，活动过程的主体是服务对象。在活动过程中，要通过开放平等的互动营造共同目标，分享和追求共同决策，所有的决策都需要全体服务对象发表意见。社会工作者在各种小组活动中，帮助服务对象建立起自我认识，通过他人对自己的评价做出及时的反馈和调整，从而提升自尊，恢复自信。

（四）总结与反思

对活动过程的及时的阶段性总结与反思能帮助我们关注服务对象的变化，掌握小组的情况，适时调整小组的方向。

社会工作者通过对自身的反思也可以总结经验，促进自身能力的发展，也可以看到自我的缺点和不足，及时进行调整，促进自己专业水平的提高。

（1）学校教育方面：如今青少年面临着巨大的学业压力，尤其是高三的学生，他们正处于人生重要的转折点，生理、心理都面临着一些考验。学校不仅仅要做好学生学习生活上的保障，还要注重学生心理塑造。作为社工我们应该充分发挥作用，积极呼吁学校、呼吁社会更加重视学生的人格塑造。希望学校不仅教授科学文化知识，更能够培养出勇于面对困难、接受挫折、承担责任、有远大理想的新时代青年。

（2）家庭教育方面：家庭教育是教育的起点，社工应当呼吁家庭关系转变，父母应当把孩子当作独立的个体来尊重，在此基础上对其进行教育，为孩子提供和谐的成长环境，培养孩子自信、独立、乐观的积极人格。

（3）专业建设方面：目前学校社会工作的体系还不完整，应该有较大的发展空间，也面临着很多问题，每一个案例都是宝贵的经验，都是社会工作专业发展的基石，应当充分做好记录，积极为专业的研究和发展做出贡献。

05

第五章

社会工作与妇女健康服务

第一节

妇女健康问题及需求

一、妇女健康问题

妇女健康与家庭幸福、社会稳定和国家发展息息相关。党和国家一直高度重视发挥"半边天"作用的妇女群体，出台了一系列如《中国妇女发展纲要（2021—2030）年》《中华人民共和国妇女权益保障法》等政策法规，为妇女健康问题提供了与时俱进的社会支持和法律保障。

2016—2020 年妇女病查治情况如表 5-1 所示。

表 5-1　2016—2020 年妇女病查治情况

项目	2016	2017	2018	2019	2020
应查人数/人	161 277 617	155 632 099	140 908 304	133 918 115	130 249 697
实查人数/人	103 940 228	104 194 268	106 357 605	111 347 266	112 769 401
检查率/%	64.4	66.9	75.5	83.1	86.6
查出妇女病率/%	25.6	24.2	22.2	20.6	19.5

数据来源：国家卫生和计划生育委员会、国家中医药管理局

由 EPS DATA 整理

2016—2020 年妇女病应查人数和实查人数雷达如图 5-1 所示。

图 5-1　2016—2020 年妇女病应查人数和实查人数雷达

从表 5-1 和图 5-1 可以看出在 2016—2020 年的五年里，我国妇女疾病的应查人数逐年下降，并且应查人数和实查人数的差距也在慢慢变小，检查率从 2016 年的 64.4% 提升至 2020 年的 86.6%，查出妇女病率从 25.6% 降至 19.5%。这一方面表明我国妇女医疗保障措施在不断完善，在预防和筛查常规妇女疾病方面获得了显著成效，另一方面也表明越来越多的妇女开始重视自身健康，疾病预防和筛查意识有所提升。

但即便如此，中国女性妇科疾病的发病率仍居全球前列。据世界卫生组织调查：中国 41% 的育龄女性患有不同程度的妇科炎症，已婚妇女的发病率高达 70%；在中国，因宫颈癌、乳腺癌等妇科疾病死亡的人数达到 20 万。像阴道炎、盆腔炎和宫颈炎等妇科疾病既高发也难痊愈，稍不注意就会反复发作，治疗周期长，同时还要面临疾病癌变的风险，威胁生命安全。

除了饱受妇科疾病的折磨外，社会环境给妇女带来的暴力、歧视、忽视和冷漠也在悄然威胁着妇女的身心健康：2013 年 10 月，全国妇联出版的《新时期中国妇女社会地位调查研究》结果显示，24.7% 的女性遭受过来自配偶不同形式的家庭暴力；2014 年的《产后抑郁防治指南的专家共识》中指出，我国妇女产后抑郁症患病率平均为 14.7%；智联招聘发布的《2022 中国女性职场现状调查报告》中"不同性别职场人遭遇过的不公对待"的调查问卷显示，女性在婚育、歧视、升职加薪、性骚扰和职场 PUA（职场中上级对下级的精神控制）等方面遭受不公平对待的比例要高于男性，如图 5-2 所示。

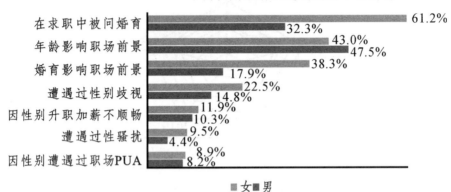

图 5-2 不同性别职场人遭遇过的不公对待

资料来源：《2022 中国女性职场现状调查报告》

二、妇女健康需求

随着时代的不断发展，妇女越来越注重自己的健康状况。2021 年 9 月 9 日发布的《2021 中国女性健康白皮书》显示，我国女性对于健康的关注已涵盖生理、医疗、养生保健等多方面，自内而外的健康之美成为女性自我呵护升级的新趋势。针对一系列健康问题，国家要尽快完善各项举措，满足群体需求：要促进妇女健康服务体系城乡覆盖的措施更加完善，加大对妇女健康事业的财政投入，特别是对欠发达地区的投入，保障农村妇女的身心健康；提高适龄妇女的宫颈癌和乳腺癌人群的筛查率，预防和减少妇科病多发的状况；鼓励妇女多参加体育锻炼，提供更多运动设施，增强妇女体质，宣传普及妇女健康知识，如生殖健康治疗和疾病预防常识等，增强妇女健康意识；针对妇女的心理健康问题，要提高妇女对心理健康的重视度，激发其主动性，同时政府和社会组织要为妇女提供更多心理健康预防、治疗和康复的资源，形成针对性治疗体系；大力推动女性健康产业的发展，满足女性对健康的多样化需求。

第二节

妇女社会工作的含义、理论基础与介入意义

一、妇女社会工作的含义

妇女社会工作,是工作者依据妇女在个人成长和发展过程中,在参与经济、社会、文化和家庭生活,在社会互动和家庭互动过程中发生群体性或个体性障碍或问题而开展的社会服务性工作。

二、妇女社会工作的理论基础

(一)女性主义

女性主义,又称女权主义。人们普遍认为,女性主义不仅是一种社会运动,也是一种社会思潮。女性主义是一种随着西方女权主义运动兴起而逐步形成的妇女争取权利、要求男女平等的社会思潮。

(二)社会性别意识

社会性别:由社会文化形成的有关男女角色分工、社会期望和行为准则的综合体现。这个词在英文中本意只是指词的阴阳性,现在已经成为女性主义批评的核心概念。

社会性别意识:对社会性别关系的自觉认识。

(三)社会支持网络

社会支持网络理论是从现代社会系统理论延伸出来的理论分支。它把社会支持与社会系统概念联系起来,将个体与各种社会关系的交往视为一种相互关联的网络。社会支持理论取向的社会工作,强调通过干预个人的社会网络来改变其在个人生活中的作用。

（四）马克思主义妇女观

马克思主义妇女观是马克思、恩格斯从历史唯物主义和辩证唯物主义出发，深入剖析妇女地位和受压迫的社会根源，提出妇女解放的条件和途径，指出妇女解放历程等的观念。

三、妇女社会工作介入妇女健康问题的意义

妇女健康是妇女工作中的重要组成部分，为妇女社会工作所重视。如今，越来越多的妇女工作被妇女社会工作介入，其原因在于妇女社会工作本身的专业针对性，使其能够帮助政府分担一些公共职能，减轻政府负担；同时，妇女社会工作能够填补传统妇女工作中的缺口和不足，避免死板公式化地介入问题，而是更加平等、多视角地与妇女群体接触，运用专业的知识和技能了解、理解和接纳妇女的现实处境；除此之外，介入更多的妇女工作，也能够为妇女社会工作探寻到更加适合中国国情的本土化路径。

第三节

妇女社会工作的基本内容与方法

一、妇女社会工作的基本内容

（一）微观层面

帮助妇女个体或群体解决个人、家庭和社会生活中面临的各种困难和问题，寻求自我发展、挖掘自身潜能和提高发展能力等。

（二）宏观层面

重点是在整个社会环境中倡导两性平等，维护妇女合法权益，提高妇女社会地位，促进妇女全面参与政治、经济、文化等社会各个领域，通过参与制定相关妇女政策，争取妇女应有的权利和更多的发展机会。

二、妇女社会工作的方法

（一）运用性别分析方法关注妇女需求

两种性别需求分析方法产生于 20 世纪 80—90 年代，由卡罗琳·摩塞等创造，也称"社会性别与发展"框架。摩塞把妇女的需求分为实用性社会性别需求（Practical Gender Needs）和战略性社会性别需求（Strategic Gender Needs）两种。实用性社会性别需求是指在社会生活中为了满足妇女因其传统被社会承认的角色而产生的需要，如妇女为了做饭洗衣照顾家庭对水的需求、为了教育孩子对教育知识的需要等，因此很多发展项目为妇女建造水窖、提供育儿培训等，的确满足了妇女们在传统分工模式下的角色定位需求，但在问题解决过程中不会挑战传统的性别角色和分工模式。战略性社会性别需求指的是由于妇女在社会中的从属地位而产生的需求，满足这类需求可以协助妇女取得更多的平等权利，改变现存的分工模式和角色，挑战妇女的从属地位。

两种性别利益不是非此即彼，它们在实践层面上同时存在并有各自的作用，但如果我们要实现性别公正和平等的目标，在满足实用性社会性别需求的同时，必须转向战略性社会性别需求。如果只停留在满足实用性社会性别需求上，没有挑战传统的分工模式、角色和社会地位，也很难实现性别平等。

（二）以性别平等视角对待妇女

（1）建立关系。关系本身就有治疗效果。在妇女咨询辅导中，建立信任、真诚和平等的关系非常重要。

（2）协助妇女重新界定问题，提升意识。

（3）挖掘自身潜能，联络周围资源，解决所面对的问题。

（4）协助类似处境的妇女建立支持小组。

（5）加强社区宣传和教育。宣传教育的内容主要是宣传社会性别观念和推进男女平等有关的内容。

（三）以赋权增能方法提升妇女自我发展的意识和能力

赋权是指使一个人感觉有一种自我控制的能力，尊重自己、充满自信，并且相信自己有能力改变现状的过程。通过社会工作者和妇女之间的共同合作，让妇女有能力认识到自身的真实处境，引发她们对形成这种境况的社会因素进行思考，寻找解决的途径，并且通过采取具体的行动来改善处境。

第四节

社会工作介入妇女健康服务的实务探索

一、案例背景

（一）个案基本资料

服务对象：小何（化名）

性别：女

年龄：27

籍贯：山东潍坊

学历：本科

接案来源：服务对象朋友介绍

（二）个案背景资料

1. 接案起因

服务对象小何哺乳期刚结束就被公司辞退，失业压力和育儿压力等多重因素的影响使其患上产后抑郁。小何通过朋友介绍来到我们春雨社会工作服务机构寻求社会工作者的帮助。

2. 背景资料

服务对象小何今年产下一子，哺乳期结束后回公司上班却被无故辞退。小何认为是自己生育后，公司怕小何因照顾孩子影响工作进度所以被辞退。且小何生产后与其婆婆产生了许多理念分歧，在饮食、日常生活习惯以及育儿方式上产生矛盾，二人无法相互说服、理解。而在孩子出生后，原本关心自己的丈夫将重心都转移到了孩子的身上，且丈夫忙于工作，无法体谅自己，经常责备自己疏于对孩子的照顾。面对育儿压力和失业压力，小何的心理状况每况愈下，患上产后抑郁。小何的朋友希望帮助小何，但不知道如何下手，遂找到服务机构寻求社会工作者的帮助。

3．性格特点

服务对象性格内向，不爱说话更不愿与陌生人交流。

4．人际关系

服务对象与婆婆及丈夫的关系较为紧张，她认为朋友更能理解自己。

5．健康状况

服务对象承受的心理压力过大，长期失眠，经常出现焦虑不安、冲动易怒等症状。前往医院就诊时被诊断为产后抑郁。

6．经济状况

服务对象现处于失业状态，靠丈夫一人的收入来维持全家生活开销，且孩子花销较多，生活经济压力变大。

二、分析预估

（一）服务对象面临的问题

1．服务对象自身

（1）心思敏感脆弱，极易自我怀疑、自我否定，担心自己不能照顾好孩子。

（2）心理压力大且心理承受能力差，焦虑失眠，冲动易怒，被确诊为产后抑郁。

（3）感到孤单落寞，认为婆婆和丈夫都不能理解自己，缺乏对自己的关心。

（4）失业后家庭经济压力变大。

2．家庭问题

（1）家庭氛围紧张，家庭成员之间关系僵硬，亲密关系发展缓慢。

（2）家庭成员的家庭归属感不足。

3. 社会问题

原公司违反劳动合同，无故辞退服务对象。

（二）产生问题的原因

1. 个人因素

（1）服务对象本身性格内向，不愿与别人进行过多交流，遇到问题不习惯倾诉，而是憋在心里，久而久之出现心理问题。

（2）缺少育儿经验，照顾新生儿过于紧张。

2. 家庭因素

（1）丈夫对服务对象关心和照顾不足，没有帮助妻子分担家务和照顾孩子，面对服务对象的需求态度冷漠，导致服务对象不愿与丈夫沟通，夫妻感情疏远。

（2）本身与婆婆关系一般，又存在育儿经验和产后护理的观念差异问题，长期无法协调，导致问题恶化。

（3）丈夫对妻子与母亲的关系问题熟视无睹、不作为，没有起到沟通调节的作用。

3. 社会环境因素

公司对育龄女性存在"歧视"，没有给予平等的待遇，无故辞退服务对象。

（三）优势分析

1. 自身优势

有工作经验，受教育程度高。

2. 社会优势

服务对象的朋友非常愿意帮助她，可以为她提供精神支持和心理慰藉。

三、服务计划

（一）服务目标

1. 总目标

社会工作者要协助服务对象认清自己面临的问题，发展服务对象的潜在能力，帮助并促使其解决自己面临的问题，协助其调整人际关系网络，缓和家庭关系。促使服务对象改善现状，能够积极地面对生活，同时可以融入社会。

2. 具体目标

（1）缓解服务对象的抑郁病情。社会工作者为服务对象联系心理医生，进行一周两次每次一小时的心理治疗，改善其心理状况。并与服务对象的家人和朋友进行会谈，建议其多陪伴服务对象，为服务对象提供精神支持，使抑郁病情得到缓解。

（2）缓和服务对象的家庭关系。社会工作者联系服务对象的婆婆和丈夫并与其会谈，使其了解服务对象现在的状况。同时协助服务对象与家人进行交流互动，缓和家庭关系。

（3）社会工作者针对服务对象被无故辞退的问题，询问服务对象意见，联系律师帮其维护权益。依据劳动合同法，向原公司索要赔偿金。

（4）协助服务对象完善自我、改变认知，发掘自身潜能。鼓励其重新找到工作，走出危机困境。

（二）相关理论及运用

1. 危机介入

危机介入采取的是一种心理与社会相结合的服务介入策略，将服务对象的内部心理调整与外部资源链接整合在一起，并针对服务对象的危机提供直接有效的服务。帮助服务对象处理危机，其目的在于除去服务对象的不良情绪、恢复其社会功能，使其走出危机。服务对象在哺乳期后被公司辞退，照顾孩子的压力较大且家庭关系僵硬，因此情绪状况越来越差，患上产后抑郁，急需社会工作者的介入。

社会工作者应马上进行危机介入，与服务对象的家人、朋友取得联系，让家人朋友多多关心服务对象，帮助服务对象照顾孩子并分担家务，减轻服务对象的压力。给予服务对象精神慰藉，安抚服务对象的情绪，帮助服务对象获得更好的治疗与关怀。

2. 社会支持网络理论

社会支持网络理论是把社会支持与社会系统概念联系起来，把个体与各种社会关系的交往视为一种相互关联的网络，在这个网络中，个体获得各种正式或非正式的社会支持，从而获取社会资源。社会支持网络是社会工作者帮助服务对象的有效途径，其目的是强化服务对象个人的社会资源，增强个人的社会整合度，协助个人解决生活中的问题，提高服务对象的幸福、健康程度。

社会工作者通过与服务对象的会谈，了解其情况。发现服务对象被公司无故辞退，导致失业，生活经济压力变大，患上产后抑郁。且服务对象的社会支持网络松散，无法获得社会外界支持理解。服务对象希望社会工作者能够为其提供帮助以缓解其焦虑情绪，缓和家庭关系，解决失业问题，重新融入社会。社会工作者为服务对象联系心理医生对其进行心理治疗，介绍律师维护其合法权益，索要赔偿金，帮助其重建家庭关系，链接社会资源，构建社会支持网络。

3. 萨提亚家庭治疗模式

家庭治疗模式是以家庭为对象实施的心理治疗模式。治疗对象不仅是服务对象本人，而是在家庭成员内部促进谅解。通过对家庭历史的追溯与家庭沟通方式的理解，找出家庭成员问题的成因，协助家庭消除异常和病态的情况。借助家庭情境作为动力，通过家庭沟通方式的改变促进个人的成长。社会工作者的工作就是要创造合适的机会，引导家庭学习新的互动方式，重新建立家庭系统的平衡状态。

社会工作者认为服务对象性格内向，生产之后家人把更多的注意力放在孩子身上而忽视了服务对象的感受，使其没有家庭归属感，家庭规则不合理，影响家庭关系的正常发展。社会工作者要向小何的家庭反馈所看到的问题，并寻求其家人对治疗进行配合的保证。引导家庭成员接受现实，勇于承担自己的责任，缓和家庭关系。

4. 优势视角

从优势视角来看，无论服务对象处于何种境地，都有其内在的和外在的潜能与资源，都能发挥其独特的精神气质。社会工作者要给予服务对象鼓励和赞赏，并协助服务对象真正了解自己，进行自我肯定和自我全能提升，激发个人潜能，挖掘服务对象的正向经验，树立服务对象的自信心。

在社会工作者看来，服务对象大学毕业，受教育程度较高，要发掘服务对象的内部和外部资源，将优势资源融合在一起；还要排除服务对象的缺陷和不足对服务的干扰，使其意识到自己的价值，真正地融入社会生活中。服务对象的朋友非常愿意为其提供帮助，社会工作者应协助服务对象构建朋友支持网络及社会资源支持网络，通过"资源及优势"的发掘，为其提供支持与照顾，促使其回归乐观心态。在服务过程中，不断关注并肯定小何的改变，并需要对服务效果进行巩固和维持。

（三）服务程序

（1）尊重服务对象，理解、接纳其感受。在服务过程中，社会工作者要遵循服务对象自决原则，确保服务对象在整个助人过程中处于自主的地位；找出系统内外的资源，采用合理的手段进行干预，帮助服务对象整合资源。

（2）缓解服务对象的压抑情绪，改善家庭关系。为服务对象提供情感支持和鼓励，发掘个人潜力，帮助服务对象树立自信心，实现自我全能提升。

（3）发掘服务对象的自身优势，帮助服务对象小何从自身层面看到家庭问题，缓和家庭关系，重回乐观心态。

（4）通过寻求小何朋友网络的支持，协助构建其朋友支持网络，试图让小何的朋友给予她更多的宽容和支持，聆听小何的经历及内心的想法，协助小何回归全新的自我。

（5）与小何共同讨论、分析今后可能会出现的各种问题，并且社会工作者需要对其改变的情况时刻保持关注，并提供合理的支持，关注小何的改变和新的优势资源，以便能够维持和巩固服务成效。

四、服务计划实施过程

（一）资料收集

社会工作者在接到服务对象求助后紧急介入，了解服务对象小何的情况后，开展调查走访，咨询服务对象的朋友等相关人员，收集资料信息，制定服务计划，以尽快帮助小何恢复正常生活。

（二）预估情况

社会工作者尊重、理解、接纳服务对象，鼓励其勇敢表达自身诉求及未来希望，社会工作者通过专业方式对服务对象的需求进行分析预估，制定服务计划。

（三）拟定服务方案

社会工作者在经过更加深入的接触后，根据会谈内容及服务对象的需求，对服务对象的需求做出排序，依据需求排序安排后续工作，按阶段制定服务计划，初步与服务对象建立专业关系。

（四）具体方案实施

在介入后，应具体问题具体分析，根据实际情况修改服务计划。具体实施计划如图 5-3 所示。

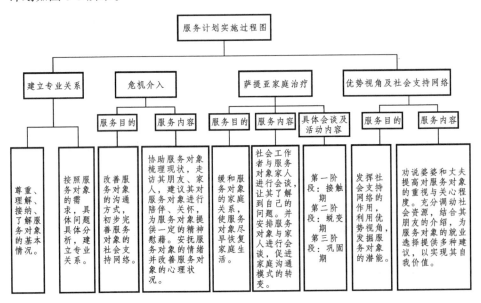

图 5-3　服务计划实施过程

第一阶段：与服务对象建立专业关系，如表 5-2 所示。

表 5-2 专业关系建立过程

过程	内容
首先	社会工作者向服务对象澄清并承诺在服务过程中会遵守社会工作接纳、理解、关怀、尊重、保密等原则。运用会谈的支持性技巧，认真倾听，专注表达，让服务对象感到被接纳与尊重，获取服务对象信任
其次	社会工作者初次与服务对象进行会谈时，发现服务对象面容憔悴，兴致不高，不愿与社会工作者进行过多交流，认为社会工作者无法解决其问题。在多次沟通过程中，社会工作者以积极乐观的服务态度，对服务对象表现出尊重、关心和接纳，以此获得了服务对象的信任和认同。服务对象逐步敞开心扉。但整个会谈过程中，服务对象小何低头陈述，声音细微，精神状况较差。在谈及自己无故被公司辞退、家人的不理解及忽视、担心无法照顾好孩子、面对种种压力不堪重负、患上产后抑郁时，服务对象情绪激动，声音哽咽并伴随身体颤抖。社会工作者运用同理心，站在服务的对象的立场上深入分析和理解服务对象的遭遇，并将自己对服务对象的理解传递给她，让服务对象感受到社会工作者对她的支持，并及时给予其安抚
最后	社会工作者与服务对象一起探讨了她的问题与需求，了解到服务对象目前最迫切的需求是从当前的状况中脱离出来，改善自己的焦虑现状，使病情有所好转。服务对象还需要找到一份稳定的工作来减轻目前的家庭经济负担。双方达成一致后，签订知情同意书，建立起专业关系

第二阶段：应用相关理论解决问题，如表 5-3 至 5-5 所示。

表 5-3 危机介入

服务对象	小何
服务目的	运用危机介入模式，与服务对象家人和朋友取得联系，促进服务对象沟通方式的转变，改善服务对象的人际关系，初步完善服务对象的社会支持网络
服务内容	服务对象当前面临严重的心理压力，社会工作者应协助其梳理现状，打开心扉，使服务对象的精神状况有所好转。社会工作者明确服务对象的需求后，走访其朋友和家人，进一步了解服务对象的状况。服务对象目前与丈夫和婆婆关系紧张，但服务对象的朋友表示非常愿意为服务对象提供帮助。服务对象目前情绪仍不稳定且患有产后抑郁，仍需服用药物进行治疗。因此社会工作者建议其朋友能对服务对象进行陪伴，为服务对象提供一定的精神慰藉，安抚服务对象的情绪并帮助服务对象调整其心理状态，减轻服务对象的心理压力，使其尽快恢复到原来的状态，以便接下来更好地促进服务对象与丈夫和婆婆关系的缓和

表 5-4　萨提亚家庭治疗模式

服务对象	小何
服务目的	社会工作者采用萨提亚家庭治疗模式，协助、促进服务对象与其丈夫和婆婆逐步建立良好的沟通互动模式，缓和服务对象的家庭关系，促进家庭良性运转。使服务对象得到家庭的关爱，增强自信，促进人格的完善，尽早恢复正常生活
服务内容	社会工作者与服务对象进行单独会谈，发现服务对象内心深处非常渴望家庭的温暖，希望得到家人的关心和理解。社会工作者遂走访服务对象的家庭，与其丈夫和婆婆进行会谈，其丈夫和婆婆了解情况后进行了反思，表示对与服务对象过去的沟通方式和对服务对象的忽视感到愧疚，现在已明白服务对象的需求，并承诺会增加对服务对象的关怀和照顾，帮助服务对象尽快恢复到原来的生活状态。了解到其家人态度的转变后，社会工作者安排服务对象与其丈夫和婆婆进行会谈，以促进家庭沟通模式的转变
具体会谈以及活动内容	第一阶段：接触期 1. 创造一个舒适且适合会谈的环境，针对这个家庭的特点，布置接待室，使其有家的感觉，减轻服务对象的拘束感。 2. 营造一个温馨的氛围，例如将接待室中摆一些鲜花，灯光适当打得柔和一些。 3. 服务对象家庭进入接待室。 社会工作者通过询问了解服务对象家庭成员的内心想法，仔细聆听并认真观察每位成员的反应和表现。通过聆听和观察发现服务对象家庭存在的问题并向服务对象的家庭反馈所看到的问题
	第二阶段：蜕变期 社会工作者运用各种方法和技巧，帮助服务对象一家改变原来的互动方式，增强解决问题的能力。社会工作者询问每位家庭成员对于其他成员的回答有何感受。通过每位成员的回答，社会工作者认为每位成员都认识到了自己存在的问题，督促其认真解决问题
	第三个阶段：巩固期 第一步：社会工作者和服务对象一家回顾治疗的过程，使他们了解已有的改变，并记录这些改变，以便将来有需要的时候，知道怎样继续改变。 第二步：社会工作者可以选择服务对象作为这个家庭中的观察者和反馈者，因为服务对象的敏感性特别强，这样可以提高一家人对家庭状态的敏感度

表 5-5　优势视角及社会支持网络

服务对象	小何
服务目的	发挥社会支持网络的作用,利用法律帮助服务对象维护权益,运用优势视角,发掘服务对象的潜能,鼓励服务对象找到一份合适的工作,增加服务对象的个人收入,改善经济状况并提高生活水平,从而使服务对象的生活步入正轨,顺利结案
服务内容	社会工作者为服务对象联系专门的心理医生,治疗一段时间后,发现服务对象的身心状态明显有了良好的转变,病情得到缓解。其家人也在尽力改变自己,努力增加对服务对象的重视与关心程度。社会工作者与服务对象会谈时,了解到服务对象由于生产原因被原公司辞退。社会工作者依据服务对象意见,为其介绍律师维护其合法权益,依据劳动合同法向原公司索要了赔偿金,改善了其目前的经济状况。服务对象更加迫切地提出想要重新找到一份合适的工作,实现自我价值,缓解经济压力,为孩子提供更好的生活条件。而后社会工作者经过一系列评估,认为服务对象有一定的工作经验,专业知识扎实,可以外出就业。通过充分调动社会资源,以及结合其朋友的介绍,社会工作者为服务对象的就业选择提供了多种建议。服务对象认真考虑社会工作者的建议后,经面试在当地找到一份合适的工作,经济状况有所改善,社会功能得到恢复

　　经过社会工作者一段时间的服务,感觉服务对象的精神状态有所好转,遂对服务对象的精神状况进行评估,评估量表如表 5-6 所示。

表 5-6　精神状况评估量表

序号	实际感觉	偶有	少有	常有	持续
1	我总是要哭或想哭		√		
2	我总是无故疲惫不堪		√		
3	我比平常更容易愤怒	√			
4	我的生涯很有意义			√	
5	假如我去世了他人会活得更好	√			
6	我对将来充满希望			√	
7	我认为家人很爱我			√	
8	我的头脑像往常一样清晰			√	

续表

序号	实际感觉	偶有	少有	常有	持续
9	我坐卧不安难以保持镇静	√			
10	我晚上睡眠不好	√			
11	我觉得做决定是容易的			√	
12	我觉得工作对我来说没有困难			√	
13	我觉得我的家庭幸福美满			√	
14	我希望可以拥有更多的朋友				√
15	我感到早晨心情最好			√	

（五）结案回访

经过一段时间的服务，小何的精神面貌有了很大的变化，情绪变得稳定，精神状况逐渐变好，自我发展的能力也有了很大的提升，开始了新生活。如此，服务对象的问题已全部解决，服务目标也已达成，可以顺利结案。结案后一个月，服务对象再次来到社会工作服务机构。在与服务对象面谈的过程中，社会工作者了解到小何如今工作稳定，经济状况得到改善，照顾孩子也更得心应手。与家庭成员关系缓和，家人和朋友的鼓励使其心理状况也越发好转，病情得到有效控制，逐步摆脱药物治疗，现在生活已经恢复正常。至此，服务对象的问题以及需求已得到解决和满足，服务对象恢复了其社会功能。

五、总结评估

（一）结果评估

结果评估是工作完成的最终成果。在此案例中，社会工作者介入之后，服务对象抑郁、焦虑等情绪有所缓解，与家人之间的矛盾得到缓和。此外，服务对象的就业问题也得到了解决。同时，在这次的服务过程中，预期工作目标基本上都得到了较好的实现。

结果评估量表如表 5-7 所示。

表 5-7　结果评估量表

目标	目标内容	目标实现程度
个人层面	帮助服务对象排解焦虑情绪，打破心理障碍	1
	帮助服务对象正确认识自我，提升自信心	0
	帮助服务对象发掘自身潜能，鼓励再次就业	2
家庭层面	改善家庭成员间的关系，缓和家庭氛围	1
	增强家庭成员之间的归属感	-1
社会层面	帮助服务对象发展良好的人际关系，加强服务对象社会支持网络建设	1

注：量表采用的是"五分法"，"+2"表示目标实现程度很好，"+1"表示目标实现程度较好，0 表示目标实现程度一般，"-1"表示目标实现程度较差，"-2"表示目标实现程度很差。

（二）过程评估

介入初期和中期，重点是对服务对象的表现和社会工作者的工作及技巧进行评估。介入的结束阶段，通过详细分析服务过程中有影响力的事件探索服务对象转变的内在动力及其来源。所以，我们对服务对象的满意程度做出调查，以此来分析和反思社会工作者在本次服务过程中的优点和需要改进之处。

（三）质性评估

在本次服务过程中，社会工作者运用了危机介入模式、萨提亚家庭治疗模式、社会支持网络、优势视角等方法，针对服务对象的不同问题和不同需求提出了与其相对应的解决方案。通过我们所制定的方案的实施，服务对象的抑郁情绪得到了舒缓，其家庭关系也有所缓和，就业问题得以解决。因此，服务对象逐渐树立起了积极向上的心态，努力发掘自身的潜力，恢复了以往的信心。在本次服务过程中，社会工作者也利用倾听、同理心等技巧，在服务过程中与服务对象共情，协助服务对象解决问题，满足其需要。

（四）实务评估

评估对服务对象进行介入的效果和效率。在此次服务过程中，社会工作者综合考虑了服务对象的心理、家庭以及所处的社会环境对服务对象的影响，综合运用多种模式帮助服务对象重新树立自信心，发掘服务对象的优点，同时对接各种社会资源，为服务对象提供多方面的帮助。我们帮助服务对象与其家庭成员、朋友、社会等多方面建立了联系，使得本案例有较高的可行性，服务对象在短期之内也有了巨大改变。

六、专业反思

社会工作者经过数日的服务，基本达成了服务目标，解决了服务对象面临的危机，社会工作者的专业能力也得到提升。但回顾服务过程，仍有一些需要改进的地方。

（1）社会工作者应相信服务对象具备自主能力，在经过充分了解和理论分析之后，促进服务对象蜕变，增强服务对象的自主能力。危机是否能够解决最终取决于服务对象是否能够增强自主能力。即使目前服务对象面临危机，缺乏解决危机的能力，但社会工作者仍应相信服务对象拥有克服危机的潜能。并在服务过程中，利用专业知识和方法，促进服务对象由内到外地成长，并最终使其增强自主能力，克服危机。

（2）社会工作者在接案会谈的过程中，要根据服务对象的情况，改变提问的方法。接案会谈时常常以开放式提问的方式作为会谈的技巧，但要注意结合服务对象自身的情况。本次的服务对象小何是一名产后抑郁患者，比较封闭，不愿与人交流，无法对以往常用的开放式提问方法给予相应的回应。这个时候应及时改变提问方法，使用封闭式提问，比如只需让服务对象回答是与不是，这样能更加快捷地收集到想要的信息。

（3）社会工作者应时刻牢记个案工作的个别化原则，代入服务对象的视角看待并解决问题。个别化是个案工作的最基本原则。每一个人都是世界上独一无二的个体，不同的个体经历促使不同的个体拥有不同的思维方式。在个案工作的服务过程中切勿以社会工作者自身的方式看待和解决问题，而是应尊重服务对象的个体差异及其个性化需求，代入服务对象的主观视角，尽可能了解服务对象丰富且复杂的生活经验。

（4）社会工作者应积极主动地对待服务对象，但并不是控制和支配服务对象。由于内外部多种原因，服务对象在接案的过程中表现得较为被动，这就需要工作者积极主动地与服务对象交流，推动工作进程，寻求解决方法。但工作者应注意把握尺度，牢记以服务对象为中心，帮助服务对象解决难题，社会工作者扮演的角色是引导者，但绝非控制者、支配者，要尊重服务对象的意愿。

附件一

服务接受协议书

一、服务使用指引

为保障服务使用者权益，保证服务质量，该指引协助服务使用者明晰申请、接受和退出服务之程序。

二、申请服务

1. 凡符合本机构岗位社工服务范围内的居民（包括本机构民政、残联、妇联以及学校等岗位中合约规定的服务对象范围）皆可申请本机构社工服务。

2. 负责社工应对有需要的社区居民、个案转介及主动求助者做适时处理：在一般情况下，社工应于五个工作日内与服务对象做初步的跟进及安排；情况紧急时，社工应于一个工作日内采取适当的危机干预措施。

3. 机构应定期开展个案回顾，确保每一个个案服务都能有效及合适地推展，确保服务质量。

4. 若负责社工离职，机构应安排另一位社工继续跟进有需要的个案，确保服务得以延续。

三、接受服务及保密机制

1. 凡服务对象同意接受服务，填写服务登记表，便可参加本机构相应岗位服务提供的活动或接受个案服务，并可随时自愿退出服务。如果服务对象有危及生命的情况，根据生命至上原则，则不能保证随时自愿退出服务。

2. 您在申请/接受本机构服务时，本机构社工会解释收集个人资料的目的。

3. 您所有资料本机构均会小心保存，并只容许指定社工或督导索阅及使用。除获得您的同意或督导批准外，社工不能擅自将您的资料带离本机构。

4. 您若想查阅、修正个人数据。可以向负责社工提出，填报《查阅及索取个人资料申请表》或《更改个人资料申请表》。

5. 若本机构遇有需要提供或转介您个人资料于其他人士或机构时必须事前得到您的同意，但遇特殊情况，如事件涉及人身安全或法律条文，本机构在知会服务使用者或家人后，便可酌情处理。

6. 本机构的服务资讯及运作情况等信息将会通过派发年报、传单，或以网页、展板等形式定期向社会公布。

7. 您有权参与服务需要评估，表达对本机构服务之意见。方法包括意见调查或向社工表达意见等。

四、意见收集及投诉

1. 对本机构服务，您有权反映意见或投诉，途径包括填写服务对象满意度调查表及直接向机构反映。

2. 收到意见及投诉后，本机构相关负责人会于四个工作日内致电或约见您了解情况，从速解决问题，若经过商讨后未能解决问题，本机构相关负责人会告诉您如何跟进，并订出向您报告行动结果的时限。

3. 若怀疑权益或身心受侵犯，可向本机构投诉及负责社工跟进。

4. 以上意见或投诉皆可致电本机构，本机构将有同事接听您的来电并进行跟进。

五、服务协议签署

1. 本人同意社会工作服务机构于 × 月开始为本人提供个案辅导服务；

2. 本人知悉为本人提供服务者为社会工作服务机构派驻的社工；

3. 本人知悉并认可春雨社会工作服务机构《服务使用指引》的所有相关内容，对如何申请服务、接受服务、保密机制及意见投诉等方面都有清晰的了解；

4. 本人知悉社工会定时与本人约见，本人会守时及积极参与，若未能按时应约，本人会尽早通知社工；

5. 本人明白若个案目标已达成，社工会主动与本人商讨结束个案。本人也有权利随时与社工协商，终止服务。

附件二

服务对象满意度调查问卷

您好！感谢您对我们社会工作服务机构的信赖，接下来请您填写以下的问卷调查并在您认为合适的选项上画√

（1）您的年龄：25

（2）您的性别：女

（3）您的学历：本科

（4）您是通过什么渠道了解到我们机构的？朋友介绍

（5）您对本次服务的总体评价：

    A.非常满意√　　　　　　　B.满意

    C.不满意　　　　　　　　　D.非常不满意

（6）在本次服务中，您认为最满意的是？（多选）

    A.服务态度√　　　　　　　B.专业水平√

    C.服务规范　　　　　　　　D.服务效率√

（7）您认为我们的服务在多大程度上对您提供了帮助？

    A.有很大帮助√　　　　　　B.有一点帮助

    C.几乎没有帮助　　　　　　D.完全没有帮助

（8）您会向其他人推荐我们的服务机构吗？

    A.会√　　　　　　　　　　B.不会

（9）您对本次服务有什么问题和建议吗？

    希望社会工作者的服务可以更加细致全面些。

附件三

会谈记录

家庭成员：小何、小何丈夫、小何婆婆。

一、第一个阶段：接触期

社会工作者（起身迎向这个家庭）：小何，小何先生，阿姨，欢迎你们。（三人向社会工作者点头示意，然后，他们一家坐在安排好的沙发上。）

社会工作者（微笑着）：你们好，很高兴见到你们。现在我们请小何来讲一下在与家人相处过程中的感受，可以吗？

小何（抬起头来，思考了一会）：我觉得在家里没什么存在感，我先生和妈妈都把注意力放在宝宝身上，还经常会因为宝宝的一些小问题指责我，只要待在家里就觉得压抑、难受，家庭给我的压力太大了……

小何婆婆（有点生气，激动地说）：你这是什么话，我怎么不关心你？我平时说的你也不听啊，你总说我的方法不管用，我还能害你吗？

（小何先生听着两人争执，低头沉默。）

社会工作者（观察到两位的情绪变化，急忙转变话题以防二人发生争执）：小何先生，能说说你的感受吗？

小何先生：自从有了宝宝她每天也是围着宝宝转，我们之间的话题也越来越少，都是跟宝宝有关的。我现在处于事业上升期，工作很忙，而且有了宝宝以后经济压力也变大了。我经常忙到很晚才回家，我也很想回家陪陪他们，分担一些家务，但是实在没时间。

小何（深呼吸，吸了吸鼻子说）：我生产完孩子住在医院里，都是我母亲在陪着我，人都累瘦了，我的丈夫也不来给我陪夜，妈一直沉浸在有了孙子的喜悦中，根本就没有考虑我的感受，你们把注意力都放在孩子身上，让我感觉自己就是一个生育工具。妈最近这一段时间一直照顾我确实辛苦了，我也很感激您，我也经常给您买东西，但是每次您都说不喜欢，还告诉我，不要总是花您儿子的钱，还说我不出去工作，不知道您儿子的辛苦。还有，现在时代不同了，坐月子的方式跟以前也不一样了，您不要总是把传统的方式用在我身上，照顾孩子的方法也得科学，不能跟以前一样。可是我说了，您每次都不听，还是按照自己的方法，也不去学习。您说我能高兴起来吗？

（社会工作者观察到小何的情绪较为激动，丈夫和婆婆的表情都很震惊，显然不知道小何对他们之前的行为有这么多不满。社会工作者转而问小何先生对此有什么看法。）

小何先生（有点愧疚）：我老婆之前从来没说过这些，我也没有嫌弃她现在没工作。当时我提出要过来陪夜，但是我岳母说我白天上班太累了，让我晚上睡一个好觉，让我放心，一定会照顾好你和孩子。如果这件事让你误会了，那我们在这儿给你道歉。

小何婆婆（顿了顿，很愤怒地说）：我们老一辈都是这样做的，孩子不照样长得很好，很健康。到你这里怎么就不行了？我经验丰富，你非不听我的，现在每顿都吃得很少，我炖的鸡汤、猪蹄汤都是很好的下奶东西，你偏说喝多了堵奶，我看你就是想减肥，怕长胖，孩子现在还小，减什么肥啊，奶水不够给孩子吃什么？

社会工作者（观察到婆婆的情绪有些失控，连忙打断）：我知道您也有很多话想说，但是您先冷静下来。我听大家说了很多，也请大家听一听我的看法。相信大家都想让自己的家庭变得越来越好，但是现在存在着一些问题。首先作为一个正在哺乳期还患有产后抑郁的女性来说，小何非常需要你们的照顾和关心，但是你们自己也能感觉到，在一些地方忽视了小何的想法，让她觉得自己不被重视。两位能不能反思一下自己身上存在一些什么问题呢？

二、第二个阶段：蜕变期

（治疗室开始运用各种技巧，帮助小何一家改变原来的互动方式，增强解决问题的能力。）

小何先生（停下低着头思考了一会）：我知道自从有了宝宝之后我们俩的交流越来越少，独处时间也越来越少。我又整天忙工作，忽视了我老婆的情绪，也没调解好她和我妈的矛盾，让她的精神压力越来越大。

小何婆婆（叹了口气）：我也不是逼她，我这个人就是刀子嘴豆腐心，看见她难受我也跟着着急。但是我之前养孩子都是按照传统的方式，我肯定不能害她和孩子啊。我以后多听月子中心和专家的，了解科学育儿方法，我也不想这个家整天死气沉沉的。

小何（语气开始缓和，有点委屈，有点释然）：其实我知道自从生完孩子以后自己有些敏感，再加上失业精神压力大，总是把一些不必要的细节放大。我的性格确实内向不愿意倾诉，但是我也非常想得到家人的关心。

社会工作者总结：你们都知道自己的问题出在哪儿，所以今后最重要的是把自己的想法说出来。要多了解彼此的想法，而不是以自己的想法来代替家人的想法。要求别人理解自己的同时也要理解别人。在处理养育孩子的问题的时候尽量考虑到每个人的感受。小何也要多多跟家里人沟通联络，分享彼此的心事与愿景，你们说这样好吗？

（大家开心地点头，小何先生起身牵住了小何的手，一家三口紧紧地拥抱在了一起。）

三、第三个阶段：巩固期

第一步：社会工作者和小何一家回顾治疗的过程，使他们了解已有的改变，并记录这些改变，以便将来有需要的时候，知道怎样继续改变。第二步：社会工作者可以选择小何作为这个家庭中的观察者和反馈者，因为小何的敏感性特别强，这样可以提高一家人对家庭状态的敏感度。

四、评估

社会工作者对小何一家进行以下方面的治疗效果评估：

（1）小何一家人是否已经以开放式的互动模式进行交流？

（2）三个人不同的意见、想法和决定能否获得彼此的尊重与关注？

（3）一家人是否开始顾及自己、别人和情境的需要？

（4）丈夫和婆婆是否真正关心小何内心的需要，真正了解小何的需求？

第六章

社会工作与残疾人健康服务

第一节

残疾人健康问题及健康需求

　　中国残疾人联合会公布的数据显示，至 2010 年末，我国大约有 8 502 万残疾人，比《2006 年第二次全国残疾人抽样调查主要数据公报》中的 8 296 万人多了 200 万人，残疾人的需求问题渐渐显现了出来。根据马斯洛的需求层次理论，健康的需求处于低层次的生理需要，它关系着个体的生存。残疾人在健康方面有着多种需求，但由于自身的身体或精神上的残疾，残疾人相比于普通人来说，在健康方面有着更特殊的需求，主要集中在康复方面。对于视力残疾者来说需要基本生活能力的培训和定向行走训练；对于聋、哑残疾者来说需要适应无声世界或适应佩戴助听器，并且掌握一定的言语康复知识和技能；对于肢体残疾者来说需要基本的肢体功能训练和无障碍环境的适应；对于智力、精神方面的残疾者不仅需要对其生活自理能力和认知能力的培训，还需要亲属也要掌握一定的康复技能。

　　对于残疾人来说，身体上的残疾虽然对身体健康有一定的危害，如肢体缺失、天生残疾或神经性功能紊乱等。但更重要的还是心理上的健康问题。心理健康是指心理的各个方面和活动过程保持一种良好的状态，包括性格、态度、认知、情感、智力、行为等多方面都处于良好状态，它受到遗传和环境两个方面的影响。对于残疾人来说，心理上的健康需求比身体上的健康需求更为重要。国内外研究表明：残疾人的心理健康水平与普通人相比较差，有较高形成心理问题的可能性，他们会自卑、敏感、孤独、情绪不稳定，并且身边的人难以注意。首先是自我认知上的问题，一些身体有缺陷、无法正常参与社会活动的残疾人，会经常对自我的价值产生怀疑，从而导致焦虑、抑郁等问题的产生；其次是婚恋问题的困扰，由于自身的生理缺陷，他们会对自己产生自卑、不自信的心理情感，并且多发生于未婚残疾人中；最后是社会对于残疾人的压力，比如衣、食、住、行上的不便捷，这会使残疾人减少外出的次数和时间，渐渐生出孤独感。而影响最大的还是社会上的歧视，如生活中异样的眼光、家人的不理解，还有求职过程的不平等待遇都会对残疾人的心理健康产生重要的影响。

第二节

残疾人社会工作的含义和理论基础

由于各个国家、地区的经济、政治、文化、社会发展水平等诸多因素的不同，对于残疾人的定义也各不相同。联合国《残疾人权利公约》将其解释为：残疾人即肢体、语言、听力、精神、智力或多重存在长期缺陷的人，这些缺损与各种障碍相互作用，或可阻碍残疾人与健全人一样在平等的基础上充分和切实地参与社会。在中国，《中华人民共和国残疾人保障法》将残疾人定义为在心理、生理、人体结构上，某种组织、功能丧失或者不正常，全部或者部分丧失以正常方式从事某种活动能力的人。

社会工作作为一门以利他主义价值观为指导的学科，旨在运用专业的知识、技巧与方法来帮助社会上的困难群体解决问题、重新融入社会中去。它包括青少年社会工作、老年人社会工作、医院社会工作、学校社会工作等各个方面、各个学科。而残疾人社会工作在其中有着重要地位。由于残疾人在社会中处于特殊的地位、面临着各种各样的困难，因此社会有必要向残疾人提供一些必要的帮助和服务，而残疾人社会工作则通过各种途径帮助他们接收来自社会的帮助和服务，更快适应复杂的社会环境。

关于残疾人的帮扶可以追溯到 17—18 世纪。英国伊丽莎白女王 1601 年颁布的《济贫法》中就明确指出：对于没有工作能力的贫民如孤儿、无人赡养的老人和身体残疾的残疾人等进行救济或赡养。1780 年，奥比在瑞士创立了第一家为残疾人服务的机构。1788 年德国的汉堡制中也规定将残疾人、患病者送往医院救治，并且在 1820 年，德国慕尼黑创立了第一个残疾人之家。随后，欧美各国相继成立了关于残疾人的各种组织。

在我国，残疾人社会工作首先是在教育和医疗卫生领域开始的。1921 年在北京协和医院，美国医务社会工作专家蒲爱德将医务社会工作思想传入中国。

在 20 世纪 40 年代，"中华聋哑协会""中国盲民福利会"等组织成立。20 世纪 80 年代随着社会经济的复苏与繁荣，与残疾人有关的社会政策和社会组织取得了进步，残疾人社会工作也得到了发展，为现如今残疾人社会工作提供了理论基础。

第三节

残疾人社会工作的基本方法与内容

在社会工作中，每个案主都有各种不同的需求，但残疾人作为一个特殊的群体，在共有问题的基础上，他们还伴随着生理上、精神上的缺陷，如肢体残疾、智力问题、功能缺陷等各种问题。因此，社会工作者在处理残疾人问题时，要在一般方法的基础上根据案主的特点选择适合案主的方法。

一、社会康复

社会康复是社会工作者运用专业的知识和技能来帮助残疾人重新融入社会，找寻到自身价值。一方面，案主要靠自己的努力，寻找自身的长处和闪光点，认识到自身的优势和能力；另一方面要依靠社会、团体、组织等的帮助。社会工作者根据法律法规的要求为残疾人案主谋求自身的利益，让他们感受到与健全人的良好关系，减少他们对社会的抵触情绪，更好地进入社会环境。

二、社区康复

世界卫生组织在 1981 年时就提出了社区康复的概念，与社区社会工作内容紧密相关，它包括以下几种形式：因地制宜的基层康复站服务、康复治疗师进入家庭和社区的上门服务和在康复工作者指导下进行训练的家庭康复服务。社会工作者在其中起到多方协调的作用，营造社区康复的良好氛围，使残疾人在家庭、在社区就能享受到良好的照顾与服务。

三、职业康复

职业康复就是指帮助残疾人重新就业，促进他们的康复和发展。社会工作者帮助残疾人重新选择适合的工作岗位，让残疾人通过就业获得属于自己的收入、获得社会地位，更重要的是能够增强残疾人的自信心，重新认可自己的价值，更好地融入社会。

四、教育康复

教育康复是康复活动的重要组成部分，通过教学和指导训练来恢复残疾人受损的功能，提高素质和能力。教育康复多应用于残疾儿童，主要包括生活的自理能力、智力、心理能力、职业技能等方面的学习。社会工作者会介入残疾儿童的家庭、社区，对他们进行特殊教育的辅导。

第四节

社会工作介入残疾人健康服务的实务探索

一、概况

案主，37 岁，男性，初中文化学历，外来农村户口，在本地工作和生活，随同的有妻子和儿子。家中还有父母需要按时汇款和照顾。妻子在本地的超市工作，每月工资为两千元左右。儿子今年 10 岁，在本地的育才中学读书。出事故以前，案主从事外卖行业，每月工资五千五百元左右，是家中的主要收入来源，但是一场车祸导致案主左腿膝盖以下截肢。根据肢体残疾分级标准，案主属单小腿截肢或缺损，判定为四级肢体残疾。

事发后，案主所属外卖公司依据事先签署的劳务合同及相关法律法规给予了一定的补偿，并向人力资源和社会保障局申请了工伤认定，但是这起交通事故的肇事者因经济补偿能力有限，没有及时出现并进行补偿，导致案主住院治疗期间产生的费用有一部分是个人垫付，这也使得家庭的原有积蓄消耗殆尽。

案主经过治疗且伤情相对稳定后，向有关部门申请了伤残等级鉴定，鉴定结果为六级伤残。

据调查结果显示，案主在康复治疗期间出现了例如焦虑、自卑、躁郁等不良情绪反应，与家人的交流明显减少，同他人的摩擦及矛盾增多。案主有明显的畏惧社会群体、逃避社会参与的现象。案主的妻子在其住院治疗期间一直悉心照顾，并为此申请了两个月的事假。超市方面对此表示理解但也表明不可以长期如此，他们也会有运营压力。案主的儿子在此期间由学校的老师及他们住所附近的邻居暂为照顾，孩子对于家庭的变故表现得十分不安。案主所属的街道社区治安状况良好，对弱势群体的关注度较高，这减少了歧视现象的产生，对案主而言是一个较为适宜的居住环境。

经对案主情况的整合分析，案主的公司及时对其进行了补偿，家庭的物质生活尚有保障，但是还有部分经济补偿没有跟进。肇事者应承担的责任和给予的补偿都没有落实。面对巨大的变故，案主需要专业的方法介入恢复，控制个人情绪、调节心理压力、改变对环境的认知并恢复部分社会功能。

二、案主当前状态的形成原因分析

（一）个人原因

案主在工作过程中因为一起突如其来的车祸，导致其左腿膝盖以下截肢，造成了不可逆的伤害及伴随终生的肢体残障。案主对这起特殊事件根本没有相应的心理准备，原本平顺的生活轨迹和紧张的工作节奏被彻底破坏。案主对肇事者的行为很愤怒，甚至对自我产生了怀疑。临近中年再就业的难度又极大，案主感到了来自各方的压力，生理障碍、心理压力、再就业困难等现实问题像压在案主心头上的一座大山。

（二）家庭原因

事发后，案主与家人的交流减少，除日常生活的必要交流外，很少会主动地交谈，对于家人的主动交谈会表现得抗拒且排斥，有时会发脾气。

（三）社会原因

我们都无法回避的现状就是，案主走出家庭，在寻找工作的过程中要面对巨大的压力，可能会面对异样的眼光，也可能会受到言语上的嘲讽和挖苦。而且在当今社会，社会分工和岗位安排都在随着客观的需要逐渐细化，有关部门对工作岗位的要求也在提高。

三、介入

（一）目标

总体目标：为案主赋权，协助其获得应有的补偿并实现再就业。

具体目标：

（1）向有关部门寻求帮助，为案主提供专业的心理评估，根据评估的结果，判断是否进行心理咨询或治疗。

（2）帮助案主调整生活观念，恢复健康积极的心态，摆脱抑郁苦闷的情绪陷阱。

（3）增加案主与家人之间的交流沟通，帮助其恢复基础的社会网络联系。

（4）为案主整合资源系统，发现和辨析可以利用的各类资源，寻找可能被忽视的关键所在。

（5）协助案主通过正规程序，借助法律的保护，通过法院的判决，获得应有的补偿。

（6）挖掘案主自身潜力，进行再就业辅导，帮助其恢复正常的社会参与。

在此次开展的社会工作服务中，社会工作者根据事先对案主及家庭生活情况的了解，选择了一般通用过程模式。在这一模式的使用过程中，社会工作者采用了残疾人社会工作方法论中的活动干预法的某些方法技巧并辅以心理干预法来帮助案主。

（二）介入过程

在取得案主的事先同意后，社会工作者根据已有的约定，让案主在家人的陪同下，进行了初次会面。在会面开始前，工作者已向案主说明了社会工作关系中双方的权利和义务。工作者将恪守专业价值与准则，尊重案主的自决权并为案主保密。在达成共识后，双方共同商定工作目标与服务期限，介入活动正式开始。

1. 第一次会面

主要目的是建立专业关系，达成共同目标。医院有关部门提供的健康报告显示，案主患有轻度抑郁并伴随中度焦虑。通过案主家人的反馈，我们了解到案主在事发前是一个外向积极的人，有自己的爱好，喜欢和工友们一起唱歌。

工作者选择了案主家中较为宽敞明亮的客厅来进行这次会谈。工作者首先选择了日常轻松的话题进行切入，说明到来的目的及案主的家人为此进行的努力。紧接着，通过交流案主熟知且不会排斥的内容来为案主放松心情，缓解因工作者到来所引发的焦虑和恐慌。案主情绪趋于稳定后，工作者通过简单易懂的表述方法向案主讲述已知的有关情况。

在这一阶段需要注意的是，应避免谈论会引起案主情绪起伏、做出过激反应的有关话题和敏感字眼。更多的时候，工作者要摆正态度，做出倾听者的姿态，对话题进行适时的引导，在案主停顿或者回避时给予鼓励。灵活运用会谈的支持性技巧，将会促进双方会面的顺利进行，有利于工作的进一步开展。

最后，案主讲述了自己遭遇车祸后的心路历程并表示自己的情绪很难控制，总会自怨自艾。想到不负责任的肇事者，会不受控制地愤怒和焦虑。对于社会工作者的到来和进行的咨询工作，案主没有表现得十分抗拒，并表示愿意建立专业关系。

社会工作者依据初次会谈的结果，在案主同意的前提下，正式签订服务协议，建立专业关系。会谈结束前，工作者根据医院所提供的病历报告，建议案主继续进行心理治疗。对于肇事者的状况和这起事件的后续结果，工作者将向有关部门反馈，为案主寻求正规有效的解决途径。关于下一次会面的具体时间，由双方共同协定，充分尊重案主的意见。至此，此次会面结束。

2. 第二次会面

主要目的是增加案主与家人之间的沟通，宣泄消极情绪。在这次会谈中，可采用理性情绪疗法分析案主的认知架构，纠正不正确的认知模式。依据医院方面对案主的最新的心理报告和主治医师的有关建议，对于案主消极情绪的宣泄，工作者采用了空椅子技术。这在残疾人社会工作中是个体内射外显的方式之一，在这里我们主要采用的是倾诉宣泄和自我对话两种方式。

案主对于此次会谈不再表现得局促和恐慌，但对于工作者所提出的部分问题依旧会愁眉不展。在谈及家庭时，案主有些消极地答道："我看不到家庭的未来了，我跟媳妇文化水平不高，干的都是辛苦活，出来打工也是想给家里人好的生活条件，现在什么都没了，我怎么那么倒霉。"对此工作者将问题具体化，"您对家庭比较担忧，是吗？具体担忧哪些方面呢？"案主对此表示，自己作为家庭的主要收入来源，按照原有的生活轨迹是可以解决生活问题的，但是车祸后他失去了外出工作的能力，家庭的重担又是妻子一人难以支撑的，这让他感到痛苦甚至有些自责，对肇事者更是满腔愤恨。

工作者根据上述事实判断出，案主的认知模式出现了偏差。理性情绪疗法中，工作者通常会采用 ABC 理论即理性情绪治疗模式来看待问题，在这里案主则是在 B 阶段即个体对一事件的看法、解释及评价的信念上出现了偏差。为此，工作者在征求案主同意后，请来了案主的妻子。通过妻子的倾诉和二者间的交谈，帮助案主纠正这一错误认知。案主在接受为期两周的心理治疗后，在谈及肇事者时依旧无法释怀。为帮助案主宣泄情绪，工作者对案主进行了空椅子技术心理治疗。事先评估周边环境，选择相对封闭且隔音效果良好的活动空间，为案主提供平静舒适的治疗环境。在案主表现趋于稳定后，通过适当的引导帮助案主跟自我分裂的两个部分对话，这两个部分可以是之前的自己和现在的自己，也可以是自己最想向其倾诉的人。通过这种方法，能够缓解案主内心的焦虑，将无法宣之于口的情感和矛盾进行一次释放。该方法实施后，应对案主进行及时的安抚和疏导，缓和心理和现实之间的落差，巩固治疗效果。在案主稳定后，向案主及家属反馈上次会面时允诺的对肇事者追责的状况和进程，并鼓励和帮助他们运用法律所赋予的权利保护个人利益。最后，为巩固此次会面的成果，工作者向案主提供了合理自我分析报告（RSA），帮助案主在接下来的一段时间里辨析自我，也为工作者后续的工作提供资料。在安排好下次会谈的时间后，本次会谈到此结束。

3. 第三次会面

主要目的是建立赋权意识，并帮助案主分析其社会网络系统，整合各类资源，恢复社会参与。

案主在这次会面中，相较于前两次，表现得比较平静。通过分析上次会谈留下的合理自我分析报告（RSA）可以看出，工作者离开后的几天，案主还会有一些情绪异常起伏的状况出现，之后的几天里异常状况出现的次数在逐渐减少。说明案主进行心理咨询和空椅子技术治疗是有效果的。经过上次会谈我们发现，案主在生活和工作上陷入了一种自我否定的陷阱。

对此，在此次会面前，社会工作者将案主的社会生态系统图尽可能详细地进行拓展和分析，并以直观的图像形式来帮助案主发现被忽视的资源和机会。案主在工作者的讲述和引导下发现了被自己忽视的问题，并接受了工作者关于再就业的建议。工作者发现，在案主住所附近，有一企业工厂愿意招收具有劳动能力的残疾人。这是案主可能实现再就业的一次机会。案主表示将会去积极争取。在这次会谈结束前，工作者向案主及其家属说明了结案会带来的问题，希望他们能够有充足的心理准备。向案主说明寻求帮助的有关途径，并告知赔付补偿的处理状况。第三次会面结束。

4. 第四次会面

主要目的是巩固已有进步，寻找可能的资源，为结案做准备。

在这次的会谈中，案主不再愁眉不展，对工作者的到来表现得比较热情。案主告知工作者自己被附近的工厂招收了，工厂方面还提供了就业再学习的入职培训工作，虽然工资不高，但是夫妻二人勉强支付得起一家人的生活。医院方面提供的最新病历报告显示，案主目前的抑郁评估状况趋于正常数值，但是还伴随着轻度焦虑，这需要后续的调整来进一步克服。对于肇事者，法院将提起公诉，根据法律的裁决，应承担刑事责任并根据法律法规赔付相应的补偿。这次会面，工作者主要是帮助案主巩固已有的经验和技能，使其早日融入社会。会谈结束前，工作者将向案主说明结案的日期，避免案主产生依恋，影响后续工作的正常开展。

5. 第五次会面

主要目的是结案，结束专业关系。

在这次会面中，工作者将带领案主回顾工作的全过程，并分析工作目标的实现状况。例如，心理状况是否好转；与家人的沟通是否恢复，与他人的交流是否正常；案主是否实现个人再就业。鼓励案主巩固已经获得的经验和技能。案主通过填写 GAS 目标达成量表对本次的社会工作介入进行评价，在取得案主满意和同意后，本次工作到此就可以结束了。关于后续的服务跟进，也会向案主解释清楚，避免混乱和麻烦。

四、评估

（一）方法技巧

（1）收集评估资料。

（2）标准化问卷或量表。

（3）个案记录。

（4）目标问题测量。

（5）目标实现程度评估。

（6）服务对象满意度测量。

（二）注意事项

（1）坚持保密原则。

（2）调动案主的积极性，让案主参与评估过程。

（3）社工工作保持坦诚。

（4）注意社会工作者的自我评估和反思。

（三）案主方面

本案是社区向社会工作者提供的，当社会工作者与案主进行交流时，过程并不是特别顺利，案主表现出焦虑、暴躁的情绪。社会工作者运用同理心的技术来让案主渐渐放下防备，让案主了解到社工的到来不是冰冷的交流，而是有温度地提供帮助。

在服务开始阶段，案主表现得非常冷漠，脸上没有过多的表情，不愿与人交流，对社工有所排斥。在案主妻子与案主对话时能够感受到案主话语中的焦躁情绪，在儿子与案主想要进行交流的时候，案主表现出不太想与之进行过多的交流。案主内心的自我封闭和出事后的轻微抑郁，使得案主更加孤僻，对他人信任程度也逐渐下降，一味地封闭自己。

后来通过社会工作者的介入和跟进，案主有了逐渐明显的改善，能够与社工进行少量的交谈，开始愿意与周围的人自主交流，说出自己的想法。在社工的帮助和改善下，了解到妻子的困难和对家庭的支撑，服务过程中也表达了对社工一直以来耐心帮助的感谢。案主渐渐愿意走出家门，重新走上职业岗位，对自己的生活有了新的目标，并表示自己会不断努力，开始新的生活。

（四）社工方面

在社会工作者的工作过程中，社工以案主的需求作为自身工作的出发点来展开服务，积极运用倾听、同理心、尊重和接纳方法，与案主共同接受和面对生活中的问题，与案主共同制定改变的目标。同时社工对案主表达自己的耐心、关怀和接纳，不断给予案主支持和鼓励，为其建立自信，使案主逐渐走出孤僻的内心，以积极的态度和社工一起去面对和解决问题，在服务的最后，社工和案主一起达成服务目标。

五、结案

案主姓名：李某

性别：男

年龄：37

接案日期：2022 年 4 月 5 日

最后面谈日期：2022 年 6 月 5 日

社工姓名：王某

（一）求助过程

服务对象是一名因突发意外导致残疾的案主，因工作丢失、肇事者推卸责任、自身残缺等问题导致性情大变，家庭生活拮据却无能为力。案主所在社区了解到情况后联系了社会工作者前来进行帮助。

（二）社工提供的服务

（1）解决案主轻度抑郁的心理问题。

（2）恢复案主的社会发展网络。

（3）增强家人之间的沟通。

（4）挖掘潜力，进行再就业。

（三）案主的变化

（1）案主的心态有了很大的变化，不再整日郁郁寡欢。

（2）发现了自身的问题和潜力。

（3）与家人关系改善。

（四）结案理由

案主情绪得到明显好转，找到了新的工作机会，肇事者的赔偿问题得到法律的裁决。

（五）结案后计划

在结案后进行多次回访，以确定案主的变化以及案主生活是否得到改善。

（六）评估与反思

案主对工作者的服务基本表示满意，其家庭状况也得到了改观。但是工作者在帮助其家庭时多少有点力不从心，由于工作者自身没有经历过案主的伤痛，所以对这方面的同理心运用还不够熟练，要多学习一些残疾人方面的知识，逐渐成长为一个更加合格、成熟的社会工作者。

跟进服务：工作者在结案后，及时与案主进行电话联络，了解案主在接受服务后的生活状态，从案主的口中了解到了案主与家人的生活状态，其一家人都对工作者表示了由衷的感谢。

附件一

抑郁自评量表（Self-rating Depression Scale, SDS）

自己根据近一周的实际感受，按照下列题目进行相应作答：

1. 我觉得闷闷不乐，情绪低落。

2. 我觉得一天中早晨最好。

3. 我一阵阵哭出来或觉得想哭。

4. 我晚上睡眠不好。

5. 我吃得跟平常一样多。

6. 我与异性密切接触时和以往一样感到愉快。

7. 我发觉我的体重在下降。

8. 我有便秘的苦恼。

9. 我心跳比平时快。

10. 我无缘无故地感到疲乏。

11. 我的头脑跟平常一样清晰。

12. 我觉得经常做的事情并没有困难。

13. 我觉得不安而平静不下来。

14. 我对将来抱有希望。

15. 我比平常容易生气激动。

16. 我觉得做出决定是容易的。

17. 我觉得自己是个有用的人，有人需要我。

18. 我的生活过得很有意思。

19. 我认为如果我死了别人会生活得好些。

20. 平常感兴趣的事我仍然照样感兴趣。

注：SDS 含有 20 个项目，按症状出现频度评定，分 4 个等级：没有或很少时间，少部分时间，相当多时间，绝大部分或全部时间。若为正向评分题，评为概分 1、2、3、4。反向评分题，则评为 4、3、2、1。

自评结束后，把 20 个项目中的各项目分数相加，即得到总分，按中国标准，SDS 总分的分界值为 41 分，即总分≥40 分要考虑有抑郁症状，需要到专科医师处咨询或就诊。

附件二

合理自我分析报告（Rational Self Analysis, RSA）

基本步骤	具体分析
事件 A （Activating events）	A 代表诱发事件
情结 C （Consequences）	C 代表继这一事件后，个体的情绪反应和行为结果
信念 B （Beliefs）	B 代表个体对这一事件的看法、解释及评价，即信念
驳斥 D （Disputing）	为了扭转纠正这个错误的认知 B，我们需要提出一个驳斥的 D
新理念 E （Effecting）	D 将错误理念 B 驳斥得体无完肤，现在我们要赶走 B 建立一个新理念 E

附件三

目标达成量表（Goal Attainment Scale, GAS）

预期层次	结果描述
最不喜欢的结果	
低于预期的结果	
预期的结果	
超出预期的结果	
最喜欢的结果	

07

第七章

世界技能大赛对我国健康社会工作
人才技能培养和评价的启示

本章在充分借鉴世界技能大赛健康与社会照护项目的先进技能理念、技能标准、评价体系的基础上，改进山东省现有的康养专业（养老护理员和健康照护师）人才技能培训和评价体系，科学、系统、有效地提高培养质量，著者计划在技工院校中就对接世界技能大赛标准的健康与社会照护专业培训和评价标准进行深入实践和探索；并以此为基础，有针对性地对相关专业的学生和社会人员进行实践评价，形成评价报告，对系统评价体系进行反馈和印证。

第一节

研究情况概述

一、研究目的

本章通过分析世界技能大赛对健康与社会照护专业（全年龄段照护，专业知识和工种涵盖目前国内的养老护理员和健康照护师）的定位和职业标准，初步确定按照健康与社会照护的世赛理念和已开发的人才培养方案进行地方性融合，根据国内实际情况增加若干案例导向模式、八维度评价标准和培训系统，进而完成养老护理员和健康照护师的评价标准和培养体系的总体框架构建；然后经过校企的调研、人才培养方案、职业技能鉴定的培训和评价等工作，逐步完成一项采用世赛理念、适合中国实际、全新评价标准和培训模式的体系建立工作。

二、研究意义

习近平总书记在党的十九大报告中指出，要完善国民健康政策，为人民群众提供全方位全周期健康服务。推进医养结合，加快老龄事业和产业发展。护理工作服务于人的生老病死全过程，在患者疾病急性期、慢性期以及临终关怀期的各个阶段发挥重要作用。加快推进护理服务业改革与发展，增加护理服务供给，有利于精准对接新时代人民群众多样化、差异化的健康需求。为贯彻落实全国卫生与健康大会精神、《"健康中国2030"规划纲要》《"十三五"卫生与健康规划》《"十三五"深化医药卫生体制改革规划》和《全国护理事业发展规划（2016—2020 年）》，进一步促进护理服务业改革与发展，助力健康中国建设，国家卫生健康委员会、国家发展和改革委员会、教育部、民政部、财政部、人力资源社会保障部、国家市场监督管理总局、中国银行保险监督管理委员会、国家中医药管理局、中国残疾人联合会以及中央军委后勤保障部制定了《关于促进护理服务业改革与发展的指导意见》（以下简称《指导意见》）。

《指导意见》指出健康与社会照护工作对推进健康中国建设、促进健康服务业发展和增进人民群众健康福祉具有重要意义。《指导意见》分为 7 部分：第一部分，总体要求。明确了促进护理服务业改革发展的总体思路、基本原则和主要目标。第二部分，建立优质高效的护理服务体系。要完善医疗护理服务体系和健全健康养老服务网络。第三部分，加强护理从业人员培养和队伍建设。要积极推进院校护理人才培养，开展临床护士在岗培训，加强护士队伍建设，加快辅助型护理人员培养培训，加强护理员规范管理。第四部分，创新护理服务模式。持续开展优质护理服务，逐步推进延续性护理服务，大力发展社区和居家护理服务。第五部分，加强护理学科和中医护理能力建设。加强护理质量安全管理，提升中医护理服务水平。第六部分，政策措施。合理调整护理服务价格，充分调动广大护士积极性，完善护理员培训和就业政策，加强护理信息化建设，鼓励发展商业护理保险，大力发展护理产业。第七部分，组织实施。加强组织领导，强化分工协作，鼓励创新试点，加强舆论宣传。

本章在已建立的人才培养方案的基础上，对健康与社会照护专业人才培养的评价体系进行系统的研究，力求形成一套符合世赛标准和国内实际的人才评价体系，对国家健康与社会照护事业有着积极的作用，对国家养老、康复领域的人才培养也具有极大的借鉴价值。

三、核心概念

世界技能大赛是全球最高层级的世界性职业技能赛事，代表了职业技能发展的世界先进水平，是当今世界地位最高、规模最大、影响力最大的职业技能赛事，被誉为"世界技能奥林匹克"，各成员在世界技能大赛上的成绩在一定程度上体现了该国家（地区）的产业发展水平。截至 2023 年，第 47 届法国里昂世界技能大赛赛事文件显示：世界技能大赛比赛项目共分为 6 个大类，分别为结构与建筑技术、创意艺术和时尚、信息与通信技术、制造与工程技术、社会与个人服务、运输与物流，共计 63 个竞赛项目。大部分竞赛项目对参赛选手的年龄限制为 22 岁，制造团队挑战赛、机电一体化、信息网络布线和飞机维修四个有工作经验要求的综合性项目，选手年龄限制为 25 岁。世界技能大赛的举办机制类似于奥运会，由世界技能组织成员申请并获批准之后，世界技能大赛在世界技能组织的指导下与主办方合作举办。第 41 届世界技能大赛于 2011 年 10 月在英国伦敦举办，第 42 届世界技能大赛于 2013 年 7 月在德国莱比锡举办，第 43 届世界技能大赛于 2015 年 8 月在巴西的圣保罗和阿联酋的阿布扎比举办，第 44 届世界技能大赛于 2017 年 10 月在阿联酋阿布扎比举办，第 45 届世界技能大赛于 2019 年 8 月在俄罗斯喀山举办，世界技能大赛特别赛于 2022 年 9 月至 11 月在 15 个国家展开角逐。

健康照护师：中国就业培训技术指导中心发布《关于拟发布新职业信息公示的通告》内的一种新职业。指的是运用基本医学护理知识与技能，在家庭、医院、社区等场所，为照护对象提供健康照护及生活照料的人员。职业任务：① 观察发现照护对象的常见健康问题及疾病（危急）症状，提出相应预防、康复及照护措施，或提出送医建议；② 观察发现照护对象的常见心理问题，提供简单心理疏导及支持性照护措施；③ 照护老年人生活起居、清洁卫生、睡眠、日常活动，提供合理饮食及适宜活动，提供预防意外伤害安全照护，为临终老人提供安宁疗护措施；④ 照护孕产妇生活起居，根据个体身心特点，提供合理营养、适当运动的健康生活照护，促进母乳喂养及产后康复；⑤ 照护婴幼儿生活起居与活动，提供喂养、排泄、洗浴、抚触、睡眠、生长发育促进及心理健康照护措施；⑥ 照护病患者生活起居、清洁卫生、日常活动，提供合理饮食及适宜活动，按医嘱督促、协助照护对象按时服药、治疗；⑦ 为照护对象家庭提供整洁生活环境、合理营养膳食及健康常识普及。

养老护理员：对老年人生活进行照料、护理的服务人员。具体指的是为了老年人护理与健康管理工作，培养具有良好心理素质和爱众亲仁的专业品质，熟悉国家与地方老龄事业发展与养老的相关政策、法律，掌握从事养老服务工作必备的基础理论、专业知识、基本技能，具备较强的养老技能、老年社会工作、公众关系协调等实际能力的专业技能型人才。其职业任务为：① 职业道德基本知识；② 养老基础知识（老年人生理、心理特点，老年人的护理特点，老年人的常见疾病及护理，老年人的营养需求，养老护理员职业工作须知）；③ 相关法律、法规知识（老年人权益保障法的相关知识，劳动法的相关知识，其他相关法律、法规）。

第二节

世界技能大赛对我国康养专业的影响和挑战

一、世界技能大赛的兴起

2019 年 9 月 23 日，中共中央总书记、国家主席、中央军委主席习近平对我国技能选手在第 45 届世界技能大赛上取得佳绩作出重要指示，向我国参赛选手和从事人才技能培养工作的同志们致以热烈祝贺。习近平强调，劳动者素质对一个国家、一个民族发展至关重要。技术工人队伍是支撑中国制造、中国创造的重要基础，对推动经济高质量发展具有重要作用。要健全人才技能培养、使用、评价、激励制度，大力发展技工教育，大规模开展职业技能培训，加快培养大批高素质劳动者和技术人才技能。要在全社会弘扬精益求精的工匠精神，激励广大青年走技能成才、技能报国之路。习近平指出，我国将举办 2021 年上海第 46 届世界技能大赛。要做好各项筹备和组织工作，加强同各国在技能领域的交流互鉴，展示我国职业技能培训成就和水平，努力办成一届富有新意、影响广泛的世界技能大赛。中共中央政治局常委、国务院总理李克强作出批示指出，人才技能是国家的宝贵资源，是促进产业升级、推动高质量发展的重要支撑。要坚持以习近平新时代中国特色社会主义思想为指导，贯彻党中央、国务院决策部署，更加重视人才技能培养，实施好职业技能提升行动，紧扣需求发展现代职业教育、办好技工院校，完善技术工人职业发展机制和政策，使更多社会需要的人才技能、大国工匠不断涌现，依托大众创业、万众创新，促进新动能成长壮大和就业增加。同时，要加强技能领域国际合作，做好第 46 届世界技能大赛筹办工作，推动形成广大青年学习技能、报效国家的浓厚氛围。第 45 届世界技能大赛参赛总结大会 2019 年 9 月 23 日在北京举行。中共中央政治局委员、国务院副总理胡春华在会上宣读了习近平重要指示和李克强批示并致辞。他在致辞中指出，人才技能是我国人才队伍的重要组成部分，要采取更加有力的措施为广大技能劳动者成长成才创造条件。要开展大规模职业技能培训，健全培养、使用、评价、激励机制，全力办好在上海举办的第 46 届世界技能大赛。希望参赛选手坚守初心，在技能成才、技能报国的道路上取得更大成绩，作出更大贡献。

同年，对接世赛标准深化专业课程改革工作启动会在北京西藏大厦召开。人社部职业能力建设司副司长王晓君，中国人力资源和社会保障出版集团党委副书记冯政，世赛中国研究中心专家、世赛项目中国技术指导专家、世赛成果转化研究著者成员，24 所技工院校的校领导、专业负责人、项目教练等 120 多人参加了此次启动会。会上确定了技工院校对接世界技能大赛标准第一批深化专业课程改革工作方案。会上，世界技能大赛中国研究中心副主任李杰作了对接世赛成果与标准深化专业建设与课改的理论研究成果分享；广州市工贸技师学院院长汤伟群、江苏省常州技师学院副院长陈立群作了对接世赛标准深化专业课改实践案例分享。同时，各专业代表还分组研讨了对接世赛标准深化专业课程改革工作方案，确定了下一步的工作计划，计划在周期内完成人才培养方案、相关专业教材、教学资源等世赛转化成果。相关负责人表示，世赛成果转化到人才技能培养是一项系统工程，除了将世赛成果转化到专业与课程建设，还可以将其转化到场地建设、师资建设以及学生综合职业能力培养等方面，真正做到"以赛促教、以赛促学、以赛促改、以赛促管"，提高人才技能培养质量，让世界技能大赛机制惠及所有技工院校学生。

世界技能大赛被誉为"世界技能奥林匹克"，其竞技水平代表了当今职业技能发展的世界先进水平。这项赛事每两年举办一届。迄今为止，世界技能组织已成功举办 45 届世界技能大赛。由于各种不可控因素，世界技能组织在 15 个国家分散举办 2022 年世界技能大赛特别赛，作为第 46 届世界技能大赛替代活动。2022 年 9 月中旬至 11 月下旬，世界技能组织在欧洲、亚洲、美洲等地区的 15 个国家分散举办 2022 年世界技能大赛特别赛，共设 62 个比赛项目。该赛事为世界技能大赛正式比赛，共有 54 个国家和地区的 1 000 余名选手参加比赛。人力资源社会保障部组建由 36 名选手和专家、翻译等共 146 人组成的中国代表团，分赴德国、瑞士、芬兰、法国、奥地利、日本、韩国等 7 个国家参加 34 个项目的比赛，共获得 21 枚金牌、3 枚银牌、4 枚铜牌和 5 个优胜奖，金牌榜、团体总分再次位居世界第一，实现了为国争光的目标。

2022 年 9 月 26 日晚，世界技能组织召开全体成员大会，经投票表决，世界技能组织决定，2026 年第 48 届世界技能大赛在中国上海举办。9 月 27 日，"技能新时代，启航新征程"主题活动在上海举办，庆祝中国上海获得第 48 届世界技能大赛主办权。

二、世界技能大赛对我国康养专业的影响和挑战

世界技能大赛由参赛的全体国家和地区成员的专家分组制定、验证、编写、审核 50 个技能门类，制定了量化的职业技能国际评判标准，内容包括该项技能的定义、基本技能、专业技能、任务规划、任务管理、操作程序、工艺要求、安全要求等，对任务实施细节和评估做了全面细致的规定和说明。世界技能大赛的评价标准不仅仅是最终的结果，还关注选手的工作过程，包括工具的使用、安全防护措施的执行、工作报告的撰写、环保意识等，不强调高难度、快速度，而更加重视"好"与"精"。这就要求我们在教学标准的制定、课程的设计、教材的选用、技能的训练等环节，都要把产品精细化制造作为主要内容，形成以精准为核心的特色培养体系。

我国在第 45 届喀山世赛上第一次参加健康与社会照护项目后，深切认识到面临着理念、语言、文化和实践行为等各个方面的巨大差距，同时对世赛规则和要求还不够熟悉，缺少成熟的培训体系，缺乏现成的教材和师资力量。对比其他已经在世赛赛场上摘金夺银的成熟项目，健康与社会照护项目确实处于起步阶段；虽然我国的养老健康产业在蓬勃发展，对健康与照护产业人才的需求极大，但国内行业人才的从业水准和培训水平处在发展阶段。为深入贯彻《关于推进技工院校改革创新的若干意见》（人社部发〔2014〕96 号）、《技工教育

"十三五"规划》及《技工院校对接世界技能大赛标准第一批深化专业课程改革工作方案》的要求，充分借鉴世界技能大赛健康与社会照护项目的先进技能理念、技能标准、评价体系，改进健康与社会照护专业人才技能培训和评价，提高培养质量，拟定技工院校对接世界技能大赛标准健康与社会照护专业深化课程改革工作方案，根据现实情况，著者初步确定按照健康与社会照护的世赛理念开发普适性的照护课程，根据国内实际情况增加若干养老照护方向的教学内容，进而完成全新专业"健康与社会照护"的总体框架；经过校企的调研、人才培养方案的制定、教学资源的开发等工作，逐步完成采用世赛理念、适合中国实际的全新健康与社会照护专业的开发工作。

截至 2020 年底，著者所在院系经过不懈努力，克服各种困难和阻力，完成人社部安排的"健康与社会照护"专业人才培养方案制作，并获得人社部和行业专家认可，该方案计划于 2020 年底由人社部中央出版社推广，用于全国 89 家相关专业院校的专业建设。此外著者所在系部成立试点班 2 个，先一步对健康与社会照护专业进行科学试点和摸索，并在此过程中积极和企业建立联系，加深合作，签订多个校企合作协议，保障教学改革的进度和质量。

目前，健康与社会照护专业一体化教学课程改革人才培养方案已经初步制作完成，但是缺少相对应的职业培养评价体系，对该专业培养的学生缺少系统、多方位的评价途径和方法。

第三节

世赛成果在康养人才培养领域中的转化和运用

一、山东康养专业发展现状

（一）康养医疗资源分析

山东省医疗资源丰富，目前拥有 84 所三甲医院，主要集中在济南市（28家）、青岛市（21家）等城市。据 2015 年统计数据，每千常住人口执业（助理）

医师数为 2.41 人，医护比达 1∶0.59，医疗设施设备人才资源相对充足。在专业人才方面，省内卫生技术人员数量众多，专业人才种类齐全，结构合理；在专科技术方面，省内拥有一批优质的专科医院，各具特色和技术设备专长；在传统的中医药建设方面，由于省内中医药资源丰富，中医文化沉积厚重，因此省内传统中医专业水平较高，在疾病预防、病理诊治、调养滋补等方面得到广泛认可。随着近几年国家和地方对中医院的不断重视和开发，山东省的中医疗养在海外的影响力也不断扩大。

（二）康养旅游资源分析

山东省属暖温带季风性气候，气候温暖宜人，四季分明，春秋相对较短，冬夏时间较长，景色各异，每个季节都有对应的季节性旅游资源和休闲度假产品。山东省境内山水林田湖自然资源得天独厚，有泰山、崂山、蒙山等山地资源，兼具滨海及黄河、大运河等水文优势，加之森林、湖泊、农业等资源支撑，再凭借其独特的历史人文与自然资源条件，山东省已成功打造出众多高质量的旅游景点和休闲度假区。目前，山东省内共有 17 个地市入选世界文化自然双遗产，拥有 327 处国家 A 级景区，其中有 7 处是国家重点风景名胜区。虽然山东省坐拥丰饶的康养旅游资源与优势，但目前康养旅游产品尚未得到充分开发，山东省旅游产品打造仍以休闲观光为主。

（三）康养产业基地分析

随着养老产业快速发展，以及人们对健康、疗养等方面的日益关注，山东省及时顺应国家鼓励发展养老养生及中医药健康产业的指示，并制订了发展康养旅游的相关规划。山东省旅发委在《贯彻国办发〔2015〕62 号文件促进旅游产业转型升级实施方案》中提出未来 15 年内建设 50 家省级康养旅游示范基地的康养旅游发展目标。在具体的实施路径方面，方案强调依托现有的中医药资源，开发高端健康体检、养生护理、医疗保健、医学美容等健康旅游项目，将中医及中医药内容融合到旅游的发展中；其次，需要依托现有的医疗产业资源，进一步包装和升级中医养生保健机构、养生保健产品生产企业以及中华养生老字号名店等，并进一步打造医疗养生度假基地中心；同时依托山东省太极拳与道仙养生文化，构建蓬莱阁—昆嵛山—崂山—五莲山中医药、太极拳与道仙养生文化旅游体验带，结合开发休闲养生度假服务产品、太极拳体验活动产品、道家养生体验服务产品，以及中医疗养等众多融合传统养生文化的康养旅游服务产品；最后，山东省还依托现有的茶资源，推出生态茶艺体验园，集种植、采摘、现场炒茶、茶艺表演等于一体，将茶文化融合到康养旅游产品打造和康养产业发展之中。

二、前景与展望

近年来，随着健康中国战略的推进实施，群众健康意识不断增强，医养健康产业更是呈现加速发展态势，山东医药技师学院也在积极推进康养专业规划布局，抢抓战略机遇。

2017 年 6 月 25 日，山东省政府印发了《山东省医养健康产业发展规划（2018—2022 年）》（以下简称《规划》），这是山东新旧动能转换重大工程"十强"产业第一个印发实施的专项规划，同时也是山东省历史上第一个健康产业规划。

《规划》按照"力争一年全面起势，三年初见成效，五年取得突破，十年塑成优势"的要求，提出到 2020 年，全省医养健康产业增加值达到 8 300 亿元，年均增长 18%左右，其中健康服务业增加值占比达到 55%左右；到 2022 年，全省医养健康产业增加值力争达到 1.15 万亿元，占地区生产总值的 11.5%，成为山东国民经济的重要支柱产业，其中健康服务业增加值占比达到 60%以上，打造济南、青岛、烟台、淄博、临沂等一批医养健康产业千亿级城市。

事实上，山东作为人口大省、经济大省和文化大省，发展医养健康产业本就具有得天独厚的优势。

首先，从整体区域来看，资源禀赋优势突出。山东省纬度适宜、海拔适中，光照资源充足，地质地貌丰富，自然生态环境优良。全省中药资源约 1 500 种，占全国中药资源种类的 10%以上。国家Ⅱ类以上土壤环境质量标准土地占陆域面积的 95%，其中 94.53%的耕地可作为绿色农产品生产区，是全国粮食作物和经济作物重点产区，素有"粮棉油之库、水果水产之乡"之称。

其次，从人口来看，截至 2021 年，山东人均预期寿命达到 79.5 岁，较 2012

年增长 3 岁；山东省是全国第一老年人口大省，截至 2021 年年底，全省 60 岁及以上老年人口达 2 151 万，占比 21.15%；65 岁及以上老年人口 1 619.38 万人，占比 15.92%；60 岁和 65 岁老年人口占比分别高出全国 2.25 和 1.72 个百分点，呈现基数大、增速快、程度高的特点。

全省医疗卫生机构数、卫生人员数、床位数分别达到 8.57 万个、105.57 万人、67.39 万张，较 2012 年增长 24.6%、42.9%、42.4%，均居全国第二。全省设置老年医学科的二级以上公立综合性医院 250 家，占全省总数的 59%；老年医院、康复医院、护理院（站）等接续性医疗机构 204 家，占全国总数的 12%；开展安宁疗护服务的机构达到 871 家；50% 以上的综合性医院、康复医院、护理院和基层医疗卫生机构建成老年友善机构。全省 1 212 万 65 岁及以上老年人签约家庭医生，签约率达 79.41%；1 084 万 65 岁及以上老年人接受基本公共卫生服务健康管理，健康管理率达 71.03%。

再次，从产业结构来看，根据山东省人民政府办公厅发布的《医养健康产业 2022 年行动计划》，2022 年全省医养健康产业增加值将达到 5 000 亿元以上。山东省将深入推进医养结合，加快建设居家社区机构相协调、医养康养相结合的养老服务体系，建设改造 120 处敬老院，新增护理型养老床位 3 万张，养老机构医养结合服务覆盖率达到 100%。增加老年医疗护理服务供给，二级及以上综合性医院设立老年医学科（老年病专业）的比例达到 75% 以上。2022 年年底，全省两证齐全的医养结合机构数量增加 30 家以上。加快"银发经济"发展，推动与老年人生活密切相关的食品、药品、保健品以及老年用品行业规范发展，提升传统养老产品的功能和质量。加大老年产品的研发制造力度，积极开发适合老年人使用的智能化、辅助性以及康复治疗等方面的产品，满足老年人提高生活品质的需求。办好"山东·青岛国际康养产业博览会"，打造老年用品展示交流平台。

康养产业作为地方特色产业的标签愈来愈鲜明，产业集中度也愈发提高。此外，山东居民消费能力持续提升，2022 年山东居民人均可支配收入 37 560 元，同比增长 5.2%，扣除价格因素，实际增长 3.4%。这也将为养老保健特别是老年病诊疗、老年护理、康复及中医药等服务产业带来强有力的支撑。

同时，山东省还是全国南向北扩大开放、由东向西梯度发展的战略节点，是"一带一路"建设的重要交通枢纽，周边河南、江苏、安徽、河北等省人口数量均居全国前列，独特的地理区位优势为康养产业发展提供了更为广阔的市场空间。

三、现场调研和专家访谈

著者在 2021 年积极开展企业调研，在济南、青岛、泰安等多地，与多家国内、省内知名企业开展校企合作和专家论坛。在以赛促教和校企合作专家访谈会上，全体人员达成共识：世界技能大赛的比赛模式就是全仿真环境下的操作，完全重现实际工作环境下的全过程，中间没有口述或者中断，是把一个工作过程真真实实地表现出来，这就要求教学管理和专业人员对接世赛标准时，对日常的教学模式、实训模式、实习模式做出相应的调整，同时还要求专业的实训场所在建设和设计时，要力求真实有效。只有做到了这一点，学生才能学到切合实际工作环境的技能，早点融入实际工作当中去。著者致力于积极地以世赛为引导，调整人才培养方案，引入和培训符合当前要求的师资力量，改造、设计仿真实训场所，并增强校企合作深度和广度。

除此之外，世赛中体现的全过程，更多的是使照护者具备职业所必需的人文主义关怀。这是以人为本的工作理念，要求学生、从业者，对自己所学习的专业、从事的职业有清晰的认知。这个问题对于学院招生、教育和就业来说有很大影响，很多学生、家长在报名的时候对照护这个专业不认可，相对抵触一些，社会上对这个行业也没有足够的重视和尊重——普遍有着社会地位低、待遇低和流失率高的双低一高压力，这个问题对专业招生工作冲击很大，而著者现在正在做的工作就是将专业认知、职业认知融入新生教育、思政教育、劳动教育、专业教育中去，将来计划在此基础上，将专业与职业认知带入新生教育和学期初的教育中去，争取除了对学生每学期的专业课起到引领作用之外，也将职业认知等问题浸润到日常教学里去。

最后，著者发现当前的教材和教学日常中传授给学生的技能，和实际需要他们掌握的、社会真正需要的、世界先进的经验和标准，有着相当大的差距甚至是误区，著者所在系部日常成立教研组，和教师在沟通时出现很多情况，比如针对学生学习能力和特点，和教师就所教授教材进行沟通，对课程内容的增减和调整，对实训课、实训设备进行的指导，让著者深切体会到，当前的教材、教学的内容、教师的认知和习惯等并不符合当前职业教育的实际，仍然充斥相对多余的方程式、原理和一些深奥的对于一线人员没必要的知识（个别知识可以在他们工作后深造时学习），所以著者现在正在逐步调整专业教材，比如将原来设置的"内科护理学"调整为"常见病照护技能"，其符合世赛理念和国家政策对教改指导的思想精髓，即注重实际、注重技能。后续在进行技能评价实践和建设时，著者计划就人才培养方案进行有目的的调整，对教材等教学资料进行筛选和替换，找到一套真正符合国情和世赛标准的人才培养方案及教学培训时使用的技能教材，摸索教学模式和人才技能评价模式，并不断完善。

四、医养健康产业人才培养方案的建立和修订（健康与社会照护、保健按摩、健康服务与管理）

根据前期梳理的世赛成果转化及校企合作议定的内容框架，著者组织师资力量完成 3 个专业培养目标和内容设计的制定工作。并由李晓芝、郭忠春组织各课题成员完成统稿、完善工作，于 2021 年 9 月前完成了 3 个专业培养方案和课程内容的初稿。后期召开工作小组会议，对提交的培养方案和课程内容的初稿进行讨论，提出完善意见。由李晓芝同各成员进行完善，形成定稿，健康与社会照护专业人才培养方案如表 7-1 所示。

表 7-1　健康与社会照护专业人才培养方案

一、专业基本信息
1. 专业名称
健康与社会照护专业
2. 学制年限

层次	招生对象	学制	培养目标
中技	初中毕业生	3 年	中级工
高技	初中毕业生	5 年	高级工

3. 就业方向
在医院、护理院、康复医院、健康照护服务机构、医养结合机构、社区服务中心、

日间照护中心、家庭等，从事健康照护、健康评估、健康管理、康复管理、临终关怀、培训指导、活动策划、咨询接待、健康机构中基层管理等专业技术工作。

4. 职业资格

健康与社会照护师（拟定）

健康管理师（国家职业资格二级）

二、培养目标

1. 总体培养目标

富有人文关怀精神，理解健康与社会照护内涵，掌握医学基础知识、专业照护技能、心理学基础知识及沟通技巧，能为被照护者提供专业服务，满足被照护者身体、精神、社会各个方面需求，维护被照护者的个人尊严，提升被照护者的生活品质。同时，具备独立分析和解决突发问题的能力，具备一定的创新、管理和协调能力。

2. 分段培养目标

（1）中级工层次人才培养目标

能够胜任日常生活照护、慢性病照护、健康评估等工作任务，具备人文关怀精神，具备对医院、机构、社区及家庭中需要照护的病人进行生活照护、心理呵护和康复保健等能力，具备基本的与人交流和合作、信息处理、自我学习和解决问题能力。

（2）高级工层次人才培养目标

能够胜任日常生活照护、临床照护、慢性病照护、失能失智老年人照护、善终照护、健康评估、老年活动策划等工作任务，具备人文关怀精神，具备对医院、机构、社区及家庭中需要照护的病人进行生活照护、心理呵护和康复保健等能力，具备基本的与人交流和合作、信息处理、自我学习、利用多种手段解决问题的能力和创新能力，同时具备一定的管理和协调能力。

三、课程安排

1. 课程设置和要求

（1）公共课

序号	课程名称	教学目标、主要教学内容和参考学时
1	德育	依据德育等公共课课程标准开设
2	语文	
3	数学	
4	英语	
5	体育与健康	
6	计算机基础与应用	

（2）专业课

序号	课程名称	教学目标	教学内容	参考学时
1	人体结构与功能认知	掌握人体的器官组成和正常人器官形态、相关功能及其发展规律	人体上肢、下肢、头、颈、胸、腹、盆部及脊柱区等器官的形态、位置、结构特点、毗邻关系和层次结构	152
2	照护基本技能	掌握基础照护技术及其相关技能扩展，包括目的、评估、操作流程、评价及注意事项	生命体征的测量方法（体温、脉搏、血压、呼吸等测量）、冷热疗法（物理降温技术、热湿敷法、热水坐浴法等）、铺床方法（铺备用床法、铺暂空床法、铺麻醉床法、卧床病人床单更换方法等）、协助病人活动的方法（翻身侧卧法、移向床头法、轴线翻身法、轮椅运送法、平车运送法）、现场紧急情况处理等	152~192
3	日常生活照护	掌握日常生活照护技术操作	清洁及舒适照护、进食与营养照护、排泄照护、休息与睡眠照护、身体活动训练与安全照护等	200~240
4	慢性病照护	掌握慢性病的基础知识，熟悉慢性病照护技术操作，以促进被照护者康复，降低并发症的发病率，减轻疾病给被照护者造成的各种负担，提高其生活质量	脑卒中、高血压、血脂异常、糖尿病、恶性肿瘤、冠心病、慢性阻塞性肺疾病、肺炎、颈椎病、帕金森病等常见慢性病的照护技术	200~240

续表

序号	课程名称	教学目标	教学内容	参考学时
5	照护服务礼仪	掌握照护服务礼仪的基本方法和技能，提高审美情趣和处理人际关系、解决实际问题的能力，端正职业心态，建立职业情感，塑造高素质的健康与社会照护从业人员的职业形象	健康与社会照护从业人员的个人礼仪（职业形象礼仪等）、交往礼仪（沟通礼仪、见面礼仪、饮食礼仪等）和岗位礼仪（医院、社区、家庭服务礼仪等）	72
6	心理照护	掌握各类病人的心理照护要点，具有人文关怀精神；能够维护照护者自身的心理健康	病人的概念及病人心理需要与心理反应，心理照护的概述、目标、原则及与整体照护的关系，孕产妇、儿童病人、老年病人的心理照护，慢性病人、手术病人、康复病人、急危重症病人的心理照护，照护从业人员的心理照护等	80
7	健康评估	了解与被照护者会谈收集病史资料、进行全面身体评估的方法、步骤和内容；了解会谈及身体评估资料的系统整理；能够分析会谈、身体评估及实验室检查等结果，做出初步的照护诊断；了解照护病历书写格式、内容及要求	健康评估方法、常见症状评估、身体评估、心理评估、社会评估、心电图检查、肺功能及内镜检查、影像检查、实验室检查和护理病历书写等	80～120

续表

序号	课程名称	教学目标	教学内容	参考学时
8	营养与健康	了解和掌握营养与健康的基本概念、基本理论和基本知识，能够运用食物和营养学知识增进健康、防治疾病，能够为被照护者安排合理的膳食、解决实际生活中与饮食相关的健康问题等	营养学的基本原理和方法（能量及营养素基本功能、食物营养价值等），营养标准与膳食指导，营养评价与改善，特殊人群营养、营养与慢性病预防，以及疾病营养治疗手段等	80~120
9	运动康复	掌握恢复功能为目的、提高生活质量为宗旨的运动康复技巧，能够选择适合被照护者的运动康复方式	常见慢性运动系统疾病的运动康复（颈椎病、肩周炎、腰肌劳损、腰椎间盘突出等的运动康复），常见慢性代谢综合征的运动康复（心血管疾病、糖尿病、脂肪肝、肥胖等的运动康复），神经系统与智能障碍的运动康复（帕金森症、脑卒中、慢性失眠、焦虑症等的运动康复）	120
10	中医养生	系统掌握中医养生的概念和基本理论，掌握常用养生方法，并能够根据工作实际选择、制定养生计划和方案	中医养生的基本观念和原则；精神养生、社交养生、饮食养生、起居养生、雅趣养生、沐浴养生、传统运动养生、针灸推拿养生、药物养生等养生方法；因时养生、因地养生、因人养生、五脏调养、部位保养、临床养生等养生应用	120~240

续表

序号	课程名称	教学目标	教学内容	参考学时
11	推拿手法	掌握基本推拿手法、复合手法以及特殊手法基本理论和基础知识,学会各种推拿手法操作技能;能够结合中医学知识辨证论治进行健康指导	基本推拿手法(摆动类手法、摩擦类手法、叩击类手法、振动类手法、运动类手法等),复合手法,以及特殊手法等	160
12	临床照护	掌握临床常见疾病的发病原因、临床表现、预防和护理的基本理论知识,掌握常见疾病的临床护理技能	临床心脑血管、呼吸、内分泌、神经、癌症等常见病、多发病防治和护理,内科常见急症的配合抢救	200
13	失能失智老年人照护	掌握人文关怀与长期照护等现代老年医学的思想与概念,了解老年疾病的不典型表现,能够做好老年综合征的照护,掌握失智老年人的照护技能	失能失智老年人照护理念、老年人常见症状的评估与处理、常见老年综合征照护、失智老年人照护等	180
14	老年活动策划与组织	掌握老年人活动策划与组织的方法和程序,能够根据老年人的兴趣策划多样的活动	老年人活动策划与组织的方法和程序、策划案撰写、活动现场管理、效果评价,策划与组织老年人文化活动、体育活动、娱乐休闲活动、养生活动、节日活动、心理保健活动等	80

续表

序号	课程名称	教学目标	教学内容	参考学时
15	照护管理	了解照护管理的任务、意义和特点；熟悉照护组织系统、照护行政、照护业务技术的基本理论和基本技能；能够借鉴管理学理论知识，结合管理职能指导照护管理工作；培养学生的管理意识与初步分析问题和解决问题的能力，为今后进行科学照护管理工作打好基础	照护管理基础知识、照护计划管理、照护组织管理、照护人力资源管理、照护领导、照护控制、临床照护质量管理、照护安全管理与优质照护服务、社区照护管理等	120
16	善终照护	了解临终关怀的意义，能够为临终病人及其家属提供包括心理、生理、社会、精神、宗教等全方位的身心舒缓疗护。提高临终病人最后的生命质量，使他们能够最大限度地减轻痛苦，有尊严并且舒适地走完人生旅途	临终关怀的意义、临终患者的界定、临终患者享有的权利、舒缓疗护基本知识、居丧照护基本知识、社区居家临终关怀基本知识和死亡教育基本知识等	120

2. 教学安排

（1）基本要求

3 年学制：总周数 152 周，其中教学 116 周（含企业顶岗实习），入学、毕业教育各 1 周，考试 8 周，公益劳动和机动 6 周，假期 24 周。教学周学时一般为 30 学时，顶岗实习按每周 40 学时安排。

5 年学制：总周数 260 周，其中教学 196 周（含企业顶岗实习），入学、毕业教育各 2 周，考试 14 周，公益劳动和机动 6 周，假期 40 周。教学周学时一般为 28~30 学时，顶岗实习按每周 40 学时安排。

各学校根据所在地区、行业经济发展的特点和校企合作的需要，可对课程设置及教学内容做适当调整，调整量不应超过总学时的 30%。

（2）教学安排建议

初中毕业生 3 年学制培养中级技工、初中毕业生 5 年学制培养高级技工的教学安排建议分别如表 1 和表 2 所示。

表 1　参考性教学计划

（初中毕业生 3 年学制培养中级技工）

课程类别	序号	学年	一		二		三		总学时
		学期	1	2	3	4	5	6	
		周数	18	20	20	20	20	18	
公共课	1	德育	2	2	2				116
	2	语文	4	4					152
	3	数学	4	2					112
	4	英语	4	2					112
	5	体育与健康	2	2	2	2			156
	6	计算机基础与应用	2	2					76
专业课	7	人体结构与功能认知	4	4					152
	8	照护基本技能	4	4					152
	9	照护服务礼仪	4						72
	10	健康评估		4					80
	11	日常生活照护			6	4			200
	12	心理照护		4					80
	13	慢性病照护			6	4			200
	14	营养与健康				4			80
	15	运动康复				6			120
	16	中医养生			6				120
	17	推拿手法			4	4			160
	18	选设课			4	4			160

续表

课程类别	序号	学年	一		二		三		总学时
		学期	1	2	3	4	5	6	
		周数	18	20	20	20	20	18	
实习	19	企业顶岗实习					20×40	20×40	1 520
每周学时数			30	30	30	28			
总　计									3 628

表 2　参考性教学计划

（初中毕业生 5 年学制培养高级技工）

课程类别	序号	学年	一		二		三		四		五		总学时
		学期	1	2	3	4	5	6	7	8	9	10	
		周数	18	20	20	20	20	20	20	20	20	18	
公共课	1	德育	2	2	2		2						156
	2	语文	4	2			2	2					192
	3	数学	4	2			2	2					192
	4	英语	4	2			2	2					192
	5	体育与健康	2	2	2	2	2	2					236
	6	计算机应用基础	2	2									76
专业课	7	人体结构与功能认知	4	4									152
	8	照护基本技能	4	6									192
	9	照护服务礼仪	4										72
	10	健康评估		6									120

续表

课程类别	序号	学年	一		二		三		四		五		总学时
		学期	1	2	3	4	5	6	7	8	9	10	
		周数	18	20	20	20	20	20	20	20	20	18	
专业课	11	日常生活照护			6	6							240
	12	心理照护		4									80
	13	慢性病照护			6	6							240
	14	营养与健康					4	4					120
	15	运动康复			4	4							120
	16	中医养生			6	6							240
	17	推拿手法					4	4					160
	18	失能失智老年人照护					6	6					180
	19	临床照护							4	6			200
	20	老年活动策划与组织							4				80
	21	照护管理							6				120
	22	善终照护							6				120
	23	选设课			4	4	4	2	6				400
实习	24	企业顶岗实习								—	—	—	2 320
每周学时数			30	30	28	28	28	28	28				
总计													6 040

著者在世界技能大赛以赛促教专业一体化改革"健康与社会照护专业"的

基础上，结合山东省内企业调研、专家座谈会的调研成果，对本校的保健按摩专业以及健康服务与管理专业的人才培养方案进行调整和融通。

整体思路为以就业为导向，以企业实际需求为主体，以世赛要求为标准，以培养合格医养健康人才为目标，以学生实际接受能力和认知规律为参照，合理和科学地对以上两个专业进行培养方案优化和整理，为下一步人才培养评价体系打好基础。

具体做法：淡化纯理论、学科类课程，优化和扩大一体化教学课程规模，加大技能培训和实训课比例，增设企业实际需要和急需的课程内容等。

如："保健按摩专业"人才培养方案中将原有的"中医养生学"调整为"中医养生康复技术"；将"基础护理学"调整为"基本护理技术"；增补部分课程课时，将"小儿推拿"和"推拿手法"由一学期改为两学期，将"生活中的法律"和"公关礼仪"由每周 2 节增加到 4 节；增设"营养配餐与膳食设计""老年活动组织与策划""推销话术实训""门店经营管理"等多门实操课程。

"健康服务与管理专业"人才培养方案，删掉原来培养方案中的"基础护理学""药理学基础""预防医学""康复医学概论""健康教育学""老年病学""医学心理学"等大学学科类课程，修改和增设为"基本护理技术""常见病护理技术""社区护理技术""营养配餐与膳食设计""老年心理病例""老年急救技术""联合用药指导""小儿推拿""言语治疗技术""皮肤护理和美体"等课程，增加个别实操课程和企业急需课程的课时比例，如"护理礼仪与人际沟通"由每周 2 节增加到每周 6 节，"老年活动组织与策划"由原来的每周 2 节调整到每周 6 节等。

五、医养健康产业人才评价体系的建立（1+1+N 人才技能评价体系）

（一）1+1+N 人才技能评价体系（以下简称人才技能评价体系）的建立原则和内容

建设原则和思路：建设以人社部项目——世界技能大赛健康与社会照护专业以赛促教学改革为引导，以学院立体培养体系为主体，以全方位校企合作深度融合为支撑的人才技能评价模式。该模式旨在培养符合当前实际需求和国际技术标准的康养专业照护人员，并使学生在培训、比赛等过程中树立康养行业基层就业的照护能力和职业认知。特点是具备以国际标准培养技工院校学生康养专业全方位的职业技能和社会竞争力、完全重现实际工作场景全过程的职业培养场景和氛围以及深层次、全浸润的人文主义关怀精神。

内容涵盖：世界技能大赛、中国第一届技能大赛、乡村振兴大赛等国家级比赛，山东省医药行业技能大比武、富民兴鲁大赛等省级比赛和各项校级比赛的以赛促教教学改革和人才培养方案；课堂授课，职业教育，技能鉴定，学历教育，实训室建设，实习见习教学，志愿服务常态化，党建、团建双报到，就业指导等校级技能培养和职业素养培训等方法；地方政府、行业协会、康养企业、社区医疗、培训团体等社会机构校企合作、校校合作等模式。

1+1+N 人才技能评价体系具体组成如图 7-1 所示。

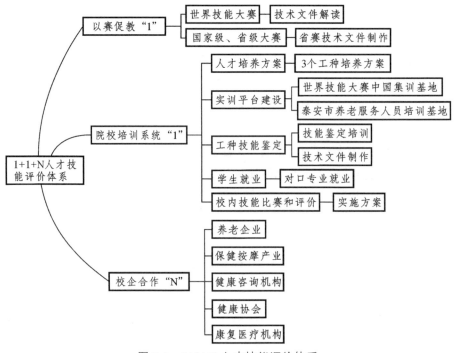

图 7-1　1+1+N 人才技能评价体系

（二）人才技能评价体系评价标准的建立

根据人才技能评价体系的原则和内容，著者分别制定了相关评价标准和实施方案，先后制定了《2021年山东省"技能兴鲁"职业技能大赛"健康照护师"技能竞赛技术文件》《毕业生技能大比武实施方案》和《校企合作技能评价实施方案》等相关文件，为下一步技能评价的践行打好基础。

（三）人才技能评价体系配套教学平台的建设——世赛集训基地

为达到教学评价效果，著者组织本校资源积极完善教学资源和培训平台，于2021年7月被中华人民共和国人力资源和社会保障部定为第四十六届世界技能大赛中国集训基地。同年7月被泰安市民政局和泰安市人力资源和社会保障局定为泰安市养老服务人员职业技能培训基地。

（四）技能评价践行经验

根据培养方案确定健康人才评价体系的原则和思路，由著者统一思想，积极开展组织师生践行技能培训、校企合作、校内竞赛，积极参与省赛和世界技能大赛的培训和集训工作：于2021年参与山东省医药行业技能大赛健康与社会照护项目比赛2人次（职工组和学生组各1人），组织世界技能大赛健康与社会照护项目中国集训队集训1次，组织校企合作比赛多次。积极通过社会培训、学校鉴定等方式对人才技能进行多元评价，反馈评价标准。截至2021年年底，取得一定的效果。根据评价结果，著者积极进行参与和反馈，总结经验，对前期的培训内容、评价内容和体系进行调整。

在技能评价践行中，目前取得不错成绩，其中在世界技能大赛方面，著者所在系部的来庆专老师获得世界技能大赛中国裁判资格，并参与多次中国世赛团队集训；泥敏老师获山东省医药行业技能大赛一等奖，学生获得学生组山东省一等奖；校企合作和校内技能评价方面，著者所在系部完成600余人次的技能比赛和校企合作技能评价任务；完成200余毕业生的技能鉴定和对口专业就业推荐工作。

六、分析和讨论

本章通过对世界技能大赛健康与社会照护项目的先进技能理念、技能标准、评价体系的解读，结合国内实际情况，完成全新专业"健康与社会照护"专业的评价体系的总体框架；然后经过校企的调研、人才培养方案、教学资源的评价等工作，逐步完成采用世赛理念、适合中国实际、全新专业健康与社会照护专业的评价体系建立工作。

七、反思与措施

（1）对于技工类院校学生，企业需求和地域特色、专业需求相差较大，著者由于时间的关系，只选取了济南、青岛、泰安三地大中型医养健康产业进行调研，没有涉及政府保底型、乡镇社区小型医养企业。

（2）个别考核和评价方式对学生一次参与人数、教师的专业水平、安全保障和考核方法具有较高的要求，具体实施时需要根据实际情况进行调整。

（3）多种形式的评价和考核形式目前仍缺少一个比较科学的横向量化形式，对该量化方法计划在今后的课题中进行具体研究。

（4）发挥地区优势，集中在山东周边进行培训项目实践，取得了较多的参考资料，但是个别项目推广时应根据具体情况，如著者虽然对毕业生和技能鉴定项目进行了校内设计，但是因时间原因还未对毕业生的企业技能评价进行汇总和整理。

第四节

初步成效

所取得的初步成效有以下几个方面：

（1）著者所建设和完善的实训平台于 2021 年被中华人民共和国人力资源和社会保障部定为第四十六届世界技能大赛中国集训基地；

（2）形成"健康与社会照护专业""保健按摩专业""健康服务与管理"专业人才培养方案共 3 份；

（3）制定 2021 年山东省"技能兴鲁"职业技能大赛"健康照护师"技能竞赛技术文件一份；

（4）培训体系培养选手获得山东省"技能兴鲁"职业技能大赛一等奖；

（5）形成世界技能大赛健康与社会照护项目职业技能需求解读资料一份；

（6）著者所负责的养老护理培训基地为国家级高技能人才培训基地。

参考文献

[1] 曾敏，陶宇. 浅析社区防疫困境中防疫人员心理健康疏导的社会工作介入[J]. 中外交流，2021（1）.

[2] 赵惠，马颖，左姣，等. 我国老年人健康领域社会工作存在的问题分析[J]. 中国农村卫生事业管理，2016（8）.

[3] 路晨. 流动儿童心理健康学校社会工作的困境与对策[J]. 天津市教科院学报，2016（3）.

[4] 童敏，刘芳. 疾病管理还是健康管理——健康照顾社会工作实践的批判与反思[J]. 北京社会科学，2018（1）.

[5] 黄业茂. 农村留守儿童心理健康与社会工作介入[D]. 长沙：中南大学，2013.

[6] 徐小平. 论城市社区老人心理健康社会工作服务体系的建构[J]. 学术评论，2008（12）.

[7] 王志中，杨晓东. 健康中国背景下的精神健康社会工作实务发展脉络及现状[J]. 卫生软科学，2019，33（10）.

[8] 王春霞. 我国精神健康社会工作的起源再探讨[J]. 重庆工商大学学报：社会科学版，2021，38（1）.

[9] 吴丽月，李旭. 精神健康社会工作实务中的挑战与对策[J]. 社会福利：理论版，2018（12）.

[10] 姚尚满. 基于人文融合的健康社会工作研究[D]. 太原：山西医科大学，2020.

[11] 张文静. 空巢老人精神健康问题的社会工作干预模式研究——以长沙市 C 社区为例[D]. 长沙：湖南师范大学，2017.

[12] 刘继同. "健康福祉中国"国家战略发展时代与健康社会工作战略地位[J]. 中国社会工作，2016（3）.

[13] 路晨. 学校开展流动儿童心理健康社会工作模式探析[J]. 经济与社会发展，2017，15（2）.

[14] 王熙婷. 精神健康社会工作伦理困境研究——基于院舍照顾的实务经验[J].

商情，2018（19）.

[15] 孙奎立，孙岳. 农村隔代留守家庭儿童社会适应：基于优势视角的实证研究[J]. 荆楚学刊，2014.

[16] 王璐，李滨. 中国精神健康社会工作实务体系的研究现状与发展[J]. 重庆工商大学学报（社会科学版），2022（4）.

[17] 姜海燕."求助否认"的本土形态与应对：精神健康社会工作的视角[J]. 社会工作与管理，2021，21（1）.

[18] 马丽娟，成海霞，刘亚飞，等. 非药物干预下的老年健康社会工作行动研究——以深圳市社会福利中心认知障碍整合干预服务为例[J]. 中国社会工作，2021（27）.

[19] 王丽，王志中，杜婷. 医联体背景下健康社会工作服务模式构建研究[J]. 中国卫生事业管理，2020，37（9）.

[20] 刘继同. 中国家庭、社区健康社会工作战略地位与健康中国、福利中国制度目标[J]. 湖北社会科学，2022（5）.

[21] 刘继同. 中国健康社会工作实务体系范围与现代医生人文关怀型社会工作角色[J]. 人文杂志，2016（4）.

[22] 侯建州. 健康照顾社会工作专业发展之研究——病友组织社会工作者核心能力之探讨[J]. 玄奘社会科学学报，2014（12）.

[23] 裴佳. 高校贫困生心理健康问题的社会工作介入研究[J]. 人间，2016，199（4）.

[24] 唐咏. "候鸟型"老人社会支持、心理健康与社会工作介入的研究[J]. 经济与社会发展，2007.

[25] SANDS R G. 精神健康社会工作[M]. 上海：华东理工大学出版社，2015.

[26] 徐小平. 论城市社区老人心理健康社会工作服务体系的建构[J]. 学术评论，2008（12）.

[27] 王志中，杨晓东. 健康中国背景下的精神健康社会工作实务发展脉络及现状[J]. 卫生软科学，2019.

[28] 刘炫言，钮骏. 健康社会工作的研究进展及其对实践的启示[J]. 心理月刊，2020（20）.

[29] 徐璐璐，徐震，汤丽，等. 不同效价元刻板印象对农村留守儿童群际关系

的影响[J].中国健康心理学杂志，2022，30（5）.

[30] 黄晨熹，薛媛媛. 老年健康社会工作的基本内涵，知识体系与发展策略[J]. 河北学刊，2020，40（4）.

[31] 王丽. 社会工作介入智障人士家长抗逆力成长的个案研究[D]. 兰州：兰州大学，2016.

[32] 郭芳玲，苏果云. 困境家庭青少年抗逆力提升的社会工作介入研究[J]. 现代商贸工业，2021，42（29）.

[33] 王金明. 事实孤儿抗逆力提升的社会工作介入研究[J]. 市场调查信息：综合版，2022（7）.

[34] 王熵. 抗逆力：社会工作的社会建构论视角[J]. 中国校外教育，2018（1）.

[35] 李蓉. 禁毒社会工作者职业压力应对的抗逆力研究[D]. 上海：华东理工大学，2019.

[36] 李卓，郭占锋. 抗逆力视角下留守老人社会疏离的社会工作干预模式[J]. 华中农业大学学报：社会科学版，2016（6）.

[37] 蒋灵娟. 从问题视角到优势视角——培养案主抗逆力的社会工作模式浅析[J]. 湖北经济学院学报：人文社会科学版，2015，12（12）.

[38] 唐敏栋. 社会工作介入流动儿童抗逆力提升的研究[D]. 南京：南京农业大学，2014.

[39] 苗艳梅. 抗逆力视角下学校社会工作实践研究——以武汉市某职业中学服务项目为例[J]. 中国青年社会科学，2017，36（5）.

[40] 王前瑞，苏果云. 抗逆力教育在学校社会工作中的应用探究[J]. 西部素质教育，2017，3（24）.

[41] 王洁琼. 社会工作方法在提升中学生抗逆力方面的探索[J]. 青少年研究与实践，2015.

[42] 付凡懿. 社会工作介入城中村妇女抗逆力提升过程的实务探索——以广州市 G 社区为例[D]. 郑州：郑州大学，2014.

[43] 杨莉锋. 网络成瘾中学生的抗逆力探究及学校社会工作跟进初探[D]. 北京：首都师范大学，2008.

[44] 王君健，薛小勇，董凌芳. 社会工作视阈下的抗逆力解读[J]. 社会工作（下半月），2010（5）.

[45] 王春娜. 自闭症儿童家庭社会支持的社工实务介入——以郑州市蓝手杖家庭俱乐部为例[D]. 郑州：郑州大学，2014.

[46] 萨利贝. 优势视角：社会工作实践新模式[M]. 上海：华东理工大学出版社，2015.

[47] SALEEBEY D. 优势视角：社会工作实践新模式[M]. 上海：华东理工大学出版社，2015.

[48] 周晓春. 社会生态资产与城市"闲散"青少年抗逆力[J]. 青年研究，2017（3）.

[49] 童敏. 流动儿童应对学习逆境的过程研究：一项抗逆力视角下的扎根理论分析[M]. 北京：中国社会科学出版社，2011.

[50] 郑继佳. 小组工作方法介入下的流动儿童抗逆力增进研究[D]. 南京：南京大学，2012.

[51] 席娟. 贫困地区农村留守儿童抗逆力提升的社会工作介入研究[D]. 兰州：兰州大学，2016.

[52] 张欢，陈月. 打破与重构：职业初期社会工作者的抗逆力作用机制研究[J]. 社会工作，2021（5）.

[53] 张亚兰，刘建娥. 抗逆力视角下流动青少年社会工作实务介入案例研究——基于云南省 HIH 民办社工机构社区服务实践[J]. 云南大学学报：社会科学版，2015.

[54] 杜经国. 青少年抗逆力社会工作的社会学分析[J]. 青少年研究—山东省团校学报，2018（3）.

[55] 杜经国，柏云鹏. 青少年抗逆力社会工作服务的现状、问题与展望[J]. 山东青年政治学院学报，2019，35（4）.

[56] 张珊明，张荣，郑安琦. 困境儿童抗逆力社会工作服务的困境与对策——基于对 6 个基层社区的访谈[J]. 区域治理，2019（39）.

[57] 唐咏."候鸟型"老人社会支持、心理健康与社会工作介入的研究[J]. 经济与社会发展，2007，5（6）.

[58] 张萌. 心理健康教育对社会工作专业人才培养的作用[J]. 国际公关，2019（10）.

[59] 王杰敏. 个案工作在农村丧偶独居女性老人情感支持中的运用研究[D].

井冈山：井冈山大学，2020.

[60] 文静. 福利院老人心理健康问题及社会工作介入优势分析[J]. 社会与公益，2020（11）.

[61] 刘斌志. 新时代妇女社会工作者的能力建设：专业核心及培育策略[J]. 中华女子学院学报，2019（2）.

[62] 肖显富. 社会支持网络在妇女社会工作中的应用及意义[J]. 企业家天地：中旬刊，2009.

[63] 张洪英. 专业妇女社会工作知识体系浅论[J]. 山东女子学院学报，2008(2).

[64] 肖慧欣，王卫平. 农村留守妇女生存现状对妇女社会工作的启示[J]. 社会科学论坛：学术研究卷，2007（10）.

[65] 王静怡. 社会工作介入城市留守青少年抗逆力提升研究[D]. 乌鲁木齐：新疆大学，2019.

[66] 陈燕，袁传霞. 提升困境儿童抗逆力的社会工作实务探究——以 X 项目为例[J]. 现代交际，2018（17）.

[67] 徐婷婷. 社会工作介入农村在校儿童抗逆力提升研究[D]. 呼和浩特：内蒙古师范大学，2019.

[68] 张欢，陈月. 打破与重构：职业初期社会工作者的抗逆力作用机制研究[J]. 社会工作，2021（5）.

[69] 杜经国. 青少年抗逆力社会工作的社会学分析[J]. 青少年学刊，2018（3）.

[70] 吕姝玮. 社会工作视域下受灾家庭抗逆力培育路径研究[J]. 社会与公益，2020（2）.

[71] 李梦姣，张选婷. 家庭抗逆力视角下癌症患者家庭的医务社会工作介入研究[J]. 青年与社会，2020（17）.

[72] 卢财英，梁伟霞，陈燕. 优势视角下社会工作介入农村留守儿童抗逆力提升的研究——以吴川市长岐镇乡村小学为例[J]. 农村经济与科技，2021，32（3）.

[73] 李晓倩. 社会工作介入流动儿童抗逆力提升研究——以沈阳市 S 小学为例[J]. 市场调查信息：综合版，2020.

[74] 刘海春. 社会工作介入高校贫困生抗逆力提升的个案研究——基于抗逆力视角[J]. 广东职业技术教育与研究，2022（2）.

[75] 魏爽，张珈雯. 返乡流动儿童抗逆力重构水平与社会工作精准干预策略[J]. 社会工作与管理，2022，22（1）.

[76] 张荣，张珊明. 困境儿童抗逆力提升的社会工作思考与对策[J]. 教育教学论坛，2020（17）.

[77] 刘玉兰，彭华民. 儿童抗逆力：一项关于流动儿童社会工作实务的探讨[J]. 华东理工大学学报：社会科学版，2012，27（3）.

[78] 姚进忠，潘静文. 积极老龄化：社区为本老年社会工作服务项目行动研究[J]. 社会工作与管理，2018，18（3）.

[79] 童敏，许嘉祥，高爽. 抗逆力理论的文化审视与中国社会工作理论构建[J]. 厦门大学学报：哲学社会科学版，2021.

[80] 张明月. 家庭抗逆力视角下社会工作介入精神障碍患者家庭的服务研究[J]. 社会与公益，2021.

[81] 袁光亮. 本土青少年社会工作的中国特色与发展思考[J]. 北京青年政治学院学报，2018，27（1）.

[82] 沈泉宏，王玉香. 青少年社会工作者职业倦怠的原因和对策研究——以济南市为例[J]. 山东青年政治学院学报，2020，36（5）.

[83] 刘斌志，林佳. 新世纪中国特色青少年社会工作研究：本土反思与趋势展望[J]. 青年发展论坛，2019，29（3）.

[84] 王玉香，杜经国. 抗逆力培育：农村留守青少年社会工作服务的实践选择[J]. 中国青年研究，2018（10）.

[85] 洪佩，费梅苹. 社区青少年社会工作专业化建设中的问题与反思——以上海市 Z 机构的个案服务为例[J]. 社会工作，2014（4）.

[86] 林卡，张育琴. 青少年社会工作本土化与国际化问题的理论探索[J]. 高等学校文科学术文摘，2016（1）.

[87] 沈黎. 本土社会工作实务的伦理困境与伦理抉择——基于上海青少年社会工作实践的质性研究[J]. 社会工作，2012（2）.

[88] 田国秀，李冬卉. 抗逆力研究：运用于学校与青少年社会工作[M]. 北京：社会科学文献出版社，2013.

[89] 崔文璇. 成长小组介入困境儿童自我意识提升的应用研究[D].青岛：青岛理工大学，2021.

[90] 马良. 中国残疾人社会工作历史、现状与发展趋势分析[J]. 残疾人研究，2013（1）.

[91] 何乃柱，李淑云. 从"残废"到"障碍"：称谓的演变对残疾人社会工作的影响[J]. 社会工作，2013（4）.

[92] 毛新志，李思雯. 我国残疾人社会工作的伦理困境及其出路[J]. 武汉理工大学学报：社会科学版，2014，27（5）.

[93] 卫小将. 融合与拓展：中国妇女与婚姻家庭社会工作研究[J]. 国家行政学院学报，2017（2）.

[94] 周桐桐. 中国女性社会工作者在实务中的优势与困境分析[J]. 视界观，2020（1）.

[95] 孙文婷. 体验与认同：农村丧偶老年女性个案社会工作探讨——基于社会性别视角[J]. 新西部：中旬·理论，2016（8）.

[96] 张银. 城市贫困女性社会工作的本土化实践探索——基于优势视角的分析取向[J]. 中华女子学院山东分院学报，2008.

[97] 刘梦. 妇女社会工作服务与发展[M]. 北京：社会科学文献出版社，2013.

[98] 曹原. 社会性别视角下的灾后妇女社会工作[J]. 新商务周刊，2017.

[99] 卢雅倩. 优势视角模式下对受暴妇女的社会工作介入研究——以两例个案研究为例[D]. 武汉：华中科技大学，2013.

[100] 王婷彦. 反家庭暴力庇护所低入住率原因探索——受暴妇女与社会工作者视野下的定性研究[J]. 社会工作与管理，2015.

[101] 刘继同. 中国临终关怀社会工作元年与社会工作"实务问题清单"[J]. 重庆工商大学学报（社会科学版），2017，34（3）.

[102] 刘继同. 中国特色社会工作实务"基本问题清单"与"通用型"社会工作实务模式（下）[J]. 社会福利：理论版，2014.

[103] 徐安琪，刁思雯. 精神健康分析社会工作介入旅游养老的可行性研究[J]. 区域治理，2021（26）.

[104] 王延光. 家庭缺损型"两癌"妇女精神健康服务的社会工作探索[D]. 郑州：郑州大学，2018.

[105] 张翠. 嵌入与关怀：社会工作介入康复科病人健康照顾的策略建议[D]. 南京：南京大学，2013.

[106] 栾文敬, 王文思, 白晓曦. 社会工作介入社区老年人健康管理的路径探蕾[J]. 广东工业大学学报: 社会科学版, 2014 (1).

[107] 刘芳, 高万红, 杨月明, 等. 社会工作促进流动妇女健康与发展的实践研究——以昆明市 Y 社区为例[J]. 社会工作, 2011 (20).

[108] 王伟. 社会工作机构中青年社会工作者的生活质量测量与研究[D]. 南京大学, 2015.

[109] 张轶飚. 社会工作介入社区老年人健康养生服务的实务探索[D]. 郑州: 郑州大学, 2014.

[110] 郭志巧. 社会工作反歧视视角在流动儿童心理健康中的运用[J]. 江南大学学报: 人文社会科学版, 2007, 6 (1).

[111] 麻芳和. 农民的健康状况及社会工作介入的研究——以温州市瓯海区某街道为例[D]. 武汉: 华中农业大学, 2013.

[112] 曹殷. 殡葬职工心理健康问题的社会工作介入——以北京地区为例[D]. 北京: 中国社会科学院研究生院, 2012.

[113] 王志中, 王霁雪. 新时代健康社会工作的前景展望[J]. 中国社会工作, 2017 (34).

[114] 杜玲丽. 社会工作介入农村老年人社区健康照顾研究[D]. 南京: 南京师范大学, 2018.

[115] 张璟雯. 医务社会工作介入分级诊疗过程研究[D]. 上海: 上海师范大学, 2019.

后 记

　　本书写作始于 2020 年，成于 2022 年，三年间，世界处于大发展大变革大调整之中。我国也实现了脱贫攻坚、全面建成小康社会第一个百年奋斗目标。经济的发展、社会的进步、人民的需求，对学术界也提出了迫切的任务和更高的要求。健康与福祉成为当代中国社会发展的主题，我国的社会工作，尤其是在健康中国的大背景下，医务社会工作已经不能满足社会发展和人民需求。随着脱贫攻坚的完成，我国已经全面建成小康社会，广大人民对于健康的需求也从之前的生病就医发展到了现在的全年龄段的健康照护，从单纯的医学治疗需求提升到了心理、尊严、隐私、个性化、社会关系等多重的需求。本书就在上述背景下，经过多位同仁的共同努力，经过不断酝酿、实践、总结最终完成。

　　行文至此，百感交集，三年时光恍如一瞬，再回首，唯有感恩。本书受山东第一医科大学（山东省医学科学院）一流专业建设项目资助，首先要感谢学校和学院领导对本书的支持；感谢社会工作系全体同仁的帮助；还要感谢本校社会工作专业的王鹿萍、牟芯、孟晓倩以及 2019 级的全体学生们，他们积极参与到本书资料和案例的整理中；最后感谢我的家人，你们坚定的支持和信任，对我无微不至的关心是我最坚强的后盾，让我永远有最强大的避风港。但时间仓促，难免有疏漏之处，还望专家同行们多多批评指正。

　　破晓而生，踏浪而行。希望本书能够对当下和未来有所裨益。